Impressum:
Titel:
Zwischen Laken und Leben
Frauen aus aller Welt & ihre Geschichten

Autor: Hannes Keßler, Brunnenstrasse 64, 50181 Bedburg
Herausgeber: Amazon KPD

ZWISCHEN LAKEN UND LEBEN
Frauen aus aller Welt & ihre Geschichten

Willkommen zu "Zwischen Laken und Leben: Frauen aus aller Welt & ihre Geschichten". In diesem Buch lade ich Sie ein, auf eine intime Reise um den Globus zu gehen, die Sie in die Schlafzimmer von Frauen in verschiedenen Ländern und Lebensumständen führt.

Jede Frau hat eine einzigartige Geschichte zu erzählen, und hier, auf den Seiten dieses Buches, entfalten sich diese Geschichten in ihrer ganzen Vielfalt, Schönheit und Komplexität. Sie reisen von den stickigen Slums Indiens zu den windgepeitschten Jurten der Mongolei, von den gläsernen Iglus der Inuit bis zu den verschneiten Hütten Norwegens.

"Zwischen Laken und Leben" geht weit über die Oberfläche hinaus, indem es den alltäglichen Momenten und den unausgesprochenen Geheimnissen, die sich in den Betten dieser Frauen verbergen, eine Stimme gibt. Ob es sich um lustige Anekdoten, erotische Abenteuer, tiefe Traumata oder einfache Freuden handelt, jede Geschichte ist ein Fenster in das Herz und die Seele der Frau, die sie erzählt.

Ich zeige die kulturelle Vielfalt, indem ich Frauen aus verschiedenen Kulturen, Ethnien und Altersgruppen vorstelle. Jede von ihnen bringt ihre eigene Perspektive, ihre eigene Stimme und ihren eigenen Blick auf die Welt mit. Gemeinsam schaffen sie ein vielseitiges und farbenfrohes Bild des Lebens als Frau in der heutigen Welt.

"Zwischen Laken und Leben" ist ein intimer Blick auf das Leben von Frauen, wie Sie ihn noch nie zuvor gesehen haben. Es ist eine Einladung, tief einzutauchen, zuzuhören, zu fühlen und eine Verbindung mit den vielen Gesichtern der Weiblichkeit herzustellen.

Tauchen Sie ein in diese Sammlung von Geschichten, die so vielfältig sind wie die Frauen, die sie erzählen, und lassen Sie sich von ihren Erlebnissen, Emotionen und Einsichten berühren und inspirieren. Denn letztendlich handelt dieses Buch von einer universellen Wahrheit: Egal, wo wir herkommen oder wie unser Bett aussieht, wir alle teilen ähnliche Träume, Ängste, Freuden und Herausforderungen.

Hannes Keßler

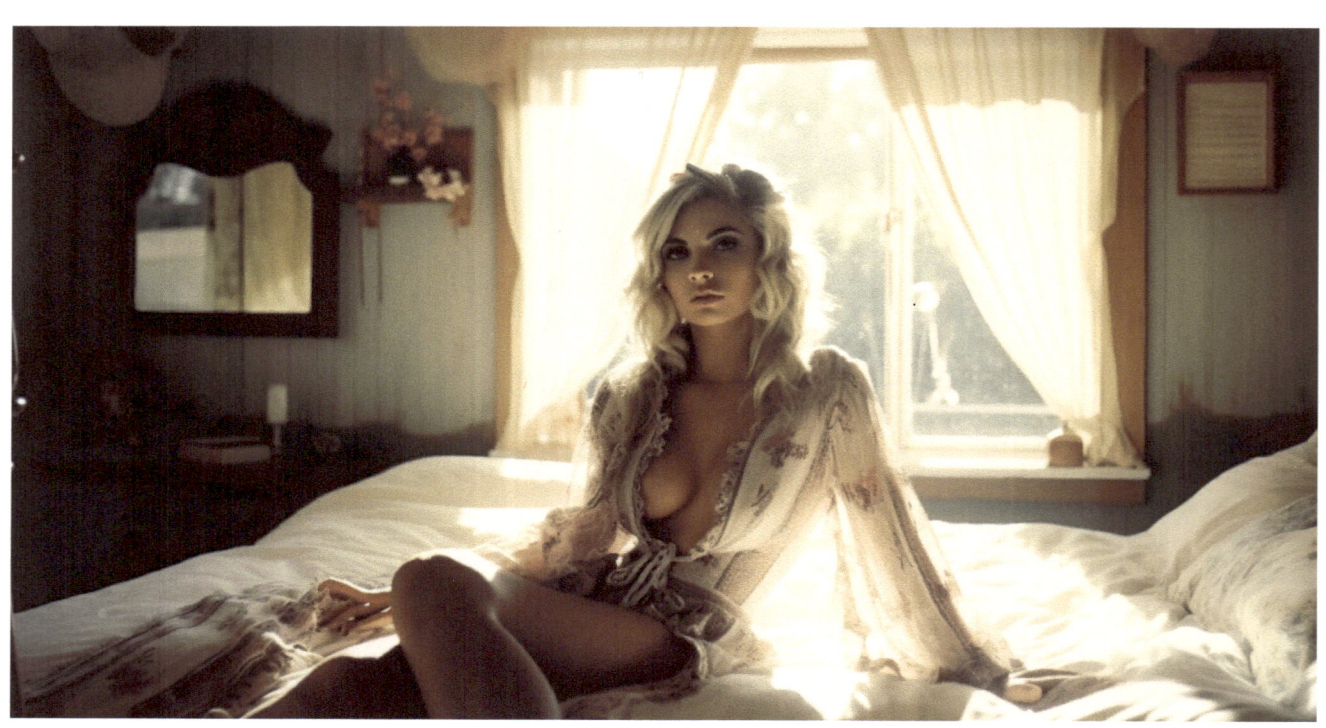

LUISA // DEUTSCHLAND

In der pulsierenden Stadt Berlin, wo die moderne Architektur die Geschichte berührt und sich eine vielfältige Kultur in jeder Straße entfaltet, lebt eine junge, lebenslustige deutsche Studentin namens Luisa. Sie studiert Literatur an der Humboldt-Universität und finanziert ihr Studium durch Kellnern in einem der vielen charmanten Cafés der Stadt.

Luisa ist bekannt für ihr strahlendes Lächeln, aber was sie wirklich auszeichnet, ist ihr Sinn für Humor. Sie hat immer eine Anekdote parat und eine davon handelt von dem Tag, als sie ihre erste Schicht im Café hatte.

"Es war mein erster Tag", erinnert sie sich und ein schelmisches Lächeln spielt um ihre Lippen. "Ich war nervös und wollte alles richtig machen. Aber ich hatte nicht damit gerechnet, dass das Café so voll sein würde."

Mit flinken Bewegungen zwischen den Tischen servierte Luisa Kaffee und Kuchen, nahm Bestellungen auf und hörte den Geschichten der Gäste zu. Doch mitten im Trubel passierte es. "Ich ging gerade mit einem vollen Tablett zu einem Tisch, als ich plötzlich über meine eigenen Füße stolperte. Kaffee, Kuchen, alles flog durch die Luft und landete – Sie werden es nicht glauben – auf einem Gast, der dort friedlich saß und seine Zeitung las."

Luisas Augen funkeln vor Vergnügen, als sie die Reaktion des Gastes beschreibt. "Er saß da, völlig bedeckt mit Kaffee und Kuchen, und blickte mich mit der größten Verwunderung an. Aber anstatt wütend zu sein, fing er an zu lachen. Er sagte, das wäre der aufregendste Kaffee gewesen, den er je hatte!"

Die Gäste des Cafés lachten, Luisa entschuldigte sich und half dem Mann, sich zu säubern. Später in diesem Tag, als sie zusammen mit ihren Kollegen die Geschichte noch einmal durchlachte, fasste sie ihre Erfahrung in einem Zitat zusammen, das sie seither immer wieder teilt: "Das Leben ist wie ein Tablett voller Kaffee und Kuchen. Es kann chaotisch und unvorhersehbar sein, aber am Ende des Tages, was wirklich zählt, ist wie du damit umgehst. Und manchmal, nur manchmal, ist das einzige, was man tun kann, zu lachen und einfach weiterzumachen."

Luisas Geschichte ist zu einer Legende in dem kleinen Café geworden und zieht immer wieder ein Lachen von den Gästen hervor.

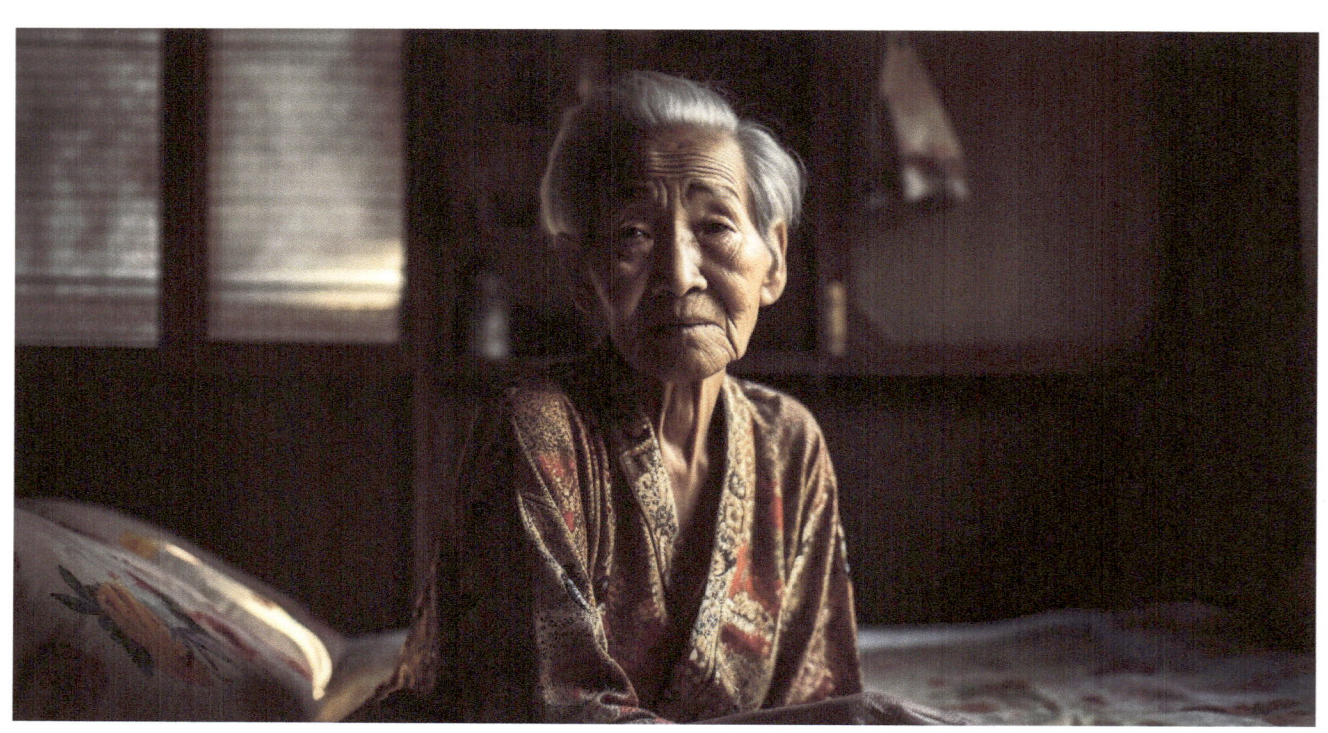

DECHEN // BHUTAN

In den verborgenen Höhen Bhutans, dort, wo die Wolken den Gipfeln der Berge nahekommen, lebt eine Frau namens Dechen. Sie ist 86 Jahre alt, mit einem Gesicht, das die Spuren eines erfüllten Lebens trägt, und Augen, die mit Güte und Weisheit leuchten. Sie möchte eine Geschichte erzählen - eine Geschichte über die Liebe und das Leben im Einklang mit der Natur.

Dechen war noch ein junges Mädchen, als sie ihren Mann, Tashi, traf. "Es war Liebe auf den ersten Blick", erinnert sie sich und lächelt dabei. "Tashi war ein guter Mann, stark und freundlich, mit einem Lachen, das das ganze Tal erfüllen konnte."

Sie heirateten und bauten sich zusammen ein einfaches Leben auf, geprägt von den Rhythmen der Natur und den Traditionen ihrer Vorfahren. Sie lebten in einem kleinen Haus, umgeben von üppigen Wäldern und kristallklaren Bächen, und teilten die Aufgaben des täglichen Lebens: Tashi kümmerte sich um die Tiere und das Land, während Dechen das Haus hütete und für die Mahlzeiten sorgte.

"Es war ein einfaches Leben, aber es war unser Leben", sagt Dechen, ihre Stimme ist weich, aber fest. "Wir waren glücklich. Wir hatten einander, und wir hatten die Natur. Mehr brauchten wir nicht." Jahrzehntelang lebten sie so, Seite an Seite, in einer Partnerschaft, die durch Respekt und gegenseitige Wertschätzung gekennzeichnet war. Sie hatten ihre Herausforderungen, natürlich, aber sie stellten sich diesen Herausforderungen gemeinsam und wuchsen durch sie.

"Tashi war mein Partner, mein Freund, meine Liebe", sagt Dechen, ihre Augen leuchten bei der Erinnerung. "Er war der Mann, mit dem ich mein Leben teilen wollte, und ich bin so dankbar, dass ich das tun konnte."

Nach Tashis Tod fühlte Dechen den Verlust tief, aber sie fand auch Trost in den Erinnerungen an ihr gemeinsames Leben und in der Schönheit der Natur um sie herum. "Die Natur hat mir Kraft gegeben", sagt sie. "Sie hat mich daran erinnert, dass das Leben weitergeht, dass es immer Schönheit und Hoffnung gibt."

Heute, im Alter von 86 Jahren, lebt Dechen immer noch in ihrem Haus in den Bergen, umgeben von der Natur, die sie liebt. Sie ist alleine, aber sie fühlt sich nicht einsam. "Ich habe die Erinnerungen an Tashi, und ich habe die Natur", sagt sie. "Und das ist genug."

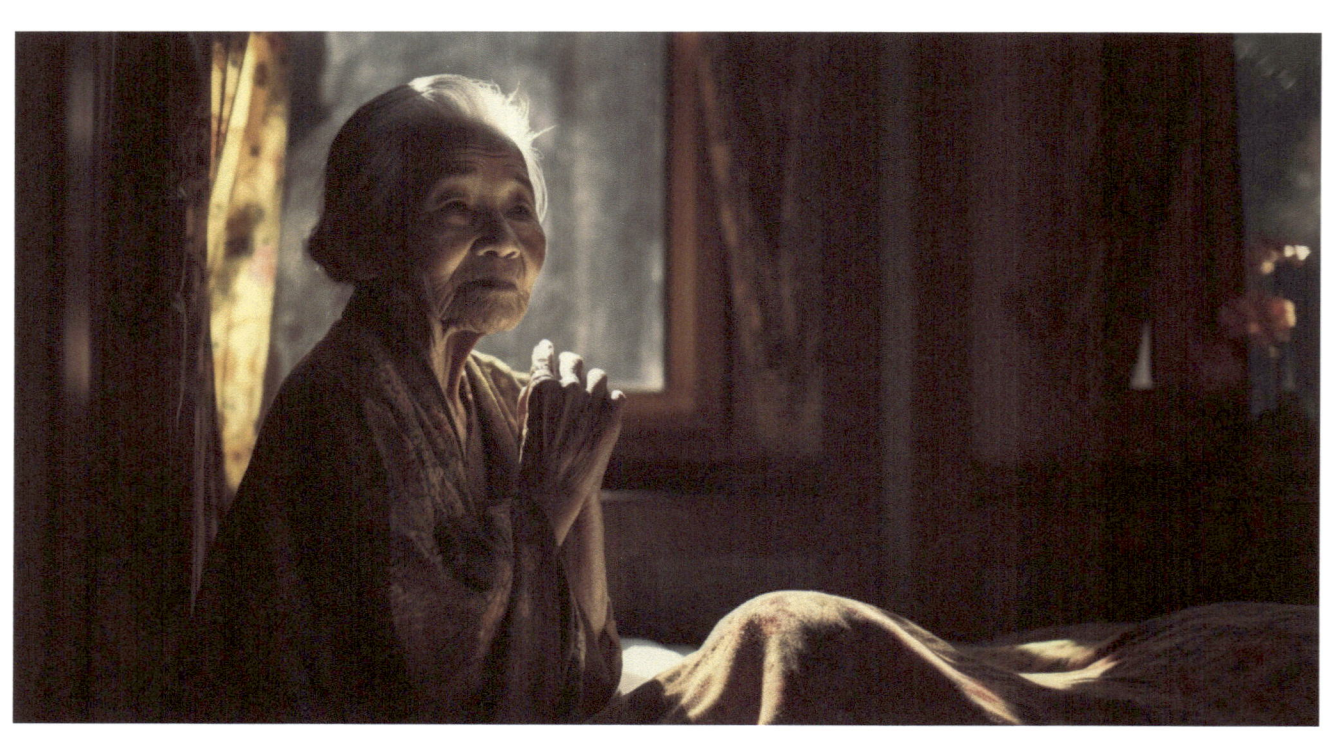

BÀ NGUYỄN // VIETNAM

Tief in den Herzschlag von Hanoi, umgeben von der vertrauten Melodie des Straßenverkehrs und dem Duft von Phở, lebt Bà Nguyễn, eine 80-jährige vietnamesische Frau, die in ihrem bescheidenen Zuhause sitzt und eine unvergessliche Anekdote aus ihrem Leben zu erzählen hat.

Bà Nguyễn ist eine kleine, zierliche Frau, doch trotz ihres Alters leuchten ihre Augen mit einer Energie und Neugier, die jedes Alter blass erscheinen lassen. Sie sitzt auf ihrem Bett, einem einfachen Gestell mit einer Matratze, das von Familienfotos und Erinnerungen umgeben ist, die ihre lange und bewegte Lebensgeschichte erzählen.

Eines Tages, als ihre Enkelkinder sie besuchten, saß Bà Nguyễn auf ihrem Bett und erzählte ihnen die Geschichte von dem Tag, an dem sie einen wilden Wasserbüffel bändigte. "Ich war ungefähr so alt wie ihr jetzt", begann sie und zeigte auf ihre Enkel. "Es war während der Erntezeit, und unser treuer Büffel Bốn war aus irgendeinem Grund besonders störrisch."

Nachdem sie eine eindringliche Beschreibung des riesigen, wilden Büffels und der Angst der Dorfbewohner gegeben hatte, fuhr Bà Nguyễn fort: "Aber ich, ich hatte keine Angst. Ich ging auf Bốn zu und sah ihm direkt in die Augen. Ich habe ihm gesagt, 'Bốn, wir haben eine Ernte zu retten. Du und ich, wir müssen zusammenarbeiten.'"

Die Enkelkinder hingen an ihren Lippen, begeistert von der Vorstellung ihrer Großmutter, die als junges Mädchen einem riesigen Wasserbüffel gegenüberstand. Bà Nguyễn, zufrieden mit ihrer Wirkung, fuhr fort: "Und wisst ihr was? Bốn hörte auf zu stampfen und zu brüllen. Er sah mich an, als ob er jedes Wort verstand, das ich sagte. Und dann, fast als ob er sich entschuldigen wollte, ließ er seinen Kopf sinken und ließ mich seinen mächtigen Körper lenken, um die Ernte zu retten."

Die Geschichte endete mit Bà Nguyễn, die leise lachte und ihre Enkelkinder anblickte. "Aber das, meine Lieben, ist eine Geschichte, die ihr nie vergessen solltet. Es spielt keine Rolle, wie groß die Herausforderungen sind, die vor euch liegen. Mit Mut und Entschlossenheit könnt ihr sie bewältigen, genau wie ich es mit Bốn gemacht habe."

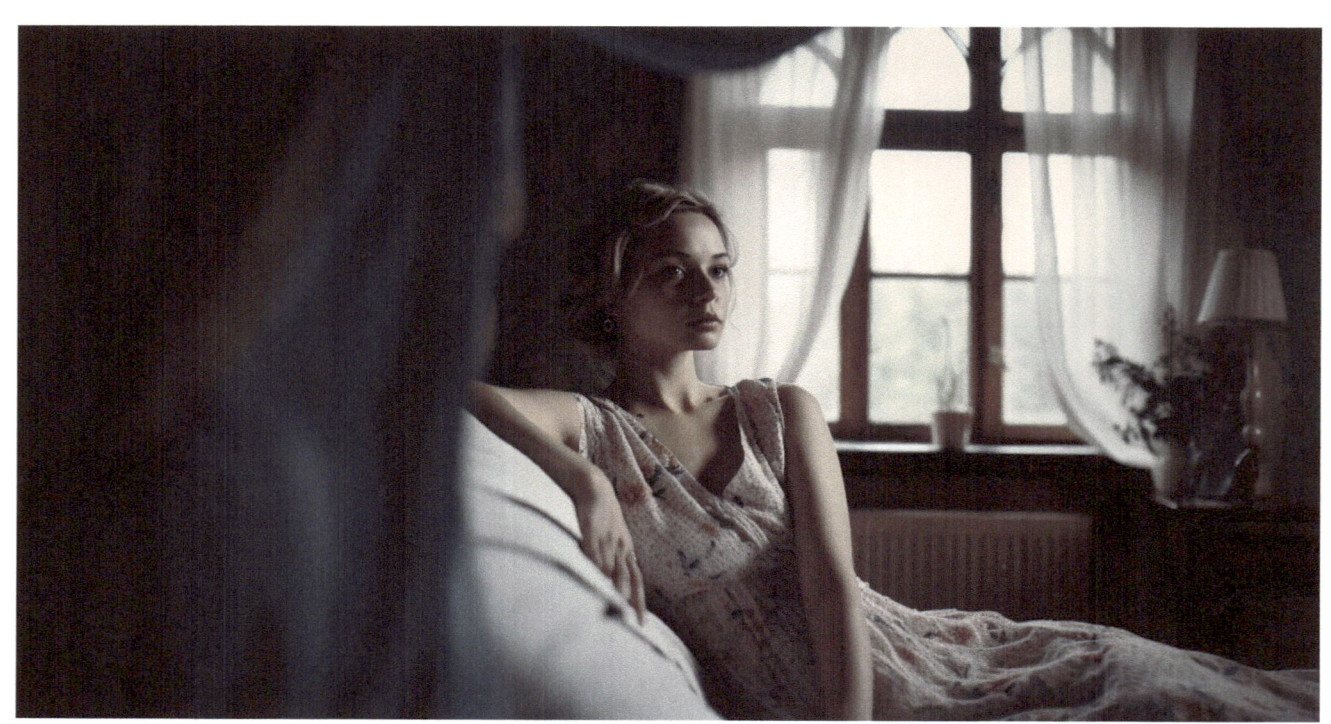

ELISA // SCHWEDEN

In Stockholm, bekannt für malerische Wasserstraßen und historischen Gebäude, lebt eine junge 22-jährige Frau namens Elsa. Elsa ist Innenarchitektin, spezialisiert auf die Gestaltung von Schlafzimmern, und bekannt für ihren einzigartigen skandinavischen Stil.

Eines Tages arbeitete Elsa an einem Projekt für einen renommierten Kunden. Es handelte sich um ein großes, altes Herrenhaus, dessen Schlafzimmer sie komplett neu gestalten sollte. Für dieses Zimmer hatte Elsa ein besonders extravagantes Bett ausgewählt - ein riesiges Himmelbett mit fein geschnitzten Details und luxuriösen Stoffen.

"Es war ein unglaublich schweres Bett", erinnert sich Elsa mit einem Lachen in den Augen. "Ich und mein Team hatten große Mühe, es in das Schlafzimmer im zweiten Stock zu bringen."
Als sie es endlich geschafft hatten, das Bett hinaufzubekommen, stand die nächste Herausforderung bevor: der Aufbau. Es war eine komplizierte Aufgabe, die alle Beteiligten auf eine harte Probe stellte. Und dann passierte es.

"Wir waren fast fertig mit dem Aufbau, als einer meiner Kollegen, der die oberste Querstange halten sollte, plötzlich niesen musste. Dieses Niesen war so stark, dass er die Stange losließ", erzählt Elsa. "Sie fiel herunter und landete genau auf dem Bett, wodurch die gesamte Konstruktion zusammenbrach."

Elsa und ihr Team standen geschockt inmitten des Chaos. "Wir blickten uns alle an, dann das Bett und schließlich wieder uns selbst. Und dann begannen wir zu lachen. Es war einfach zu absurd. Wir lachten so sehr, dass wir kaum noch atmen konnten."

Nachdem sie sich wieder gefasst hatten, bauten sie das Bett erneut auf, diesmal ohne Zwischenfälle.
"Wenn ich jetzt ein Bett sehe, denke ich immer an dieses Erlebnis", sagt Elsa schmunzelnd. "Es erinnert mich daran, dass egal wie ernst oder stressig die Arbeit sein kann, es immer Platz für ein Lachen gibt. Und dass, auch wenn manchmal alles zusammenbricht, wir immer die Möglichkeit haben, es wieder aufzubauen."

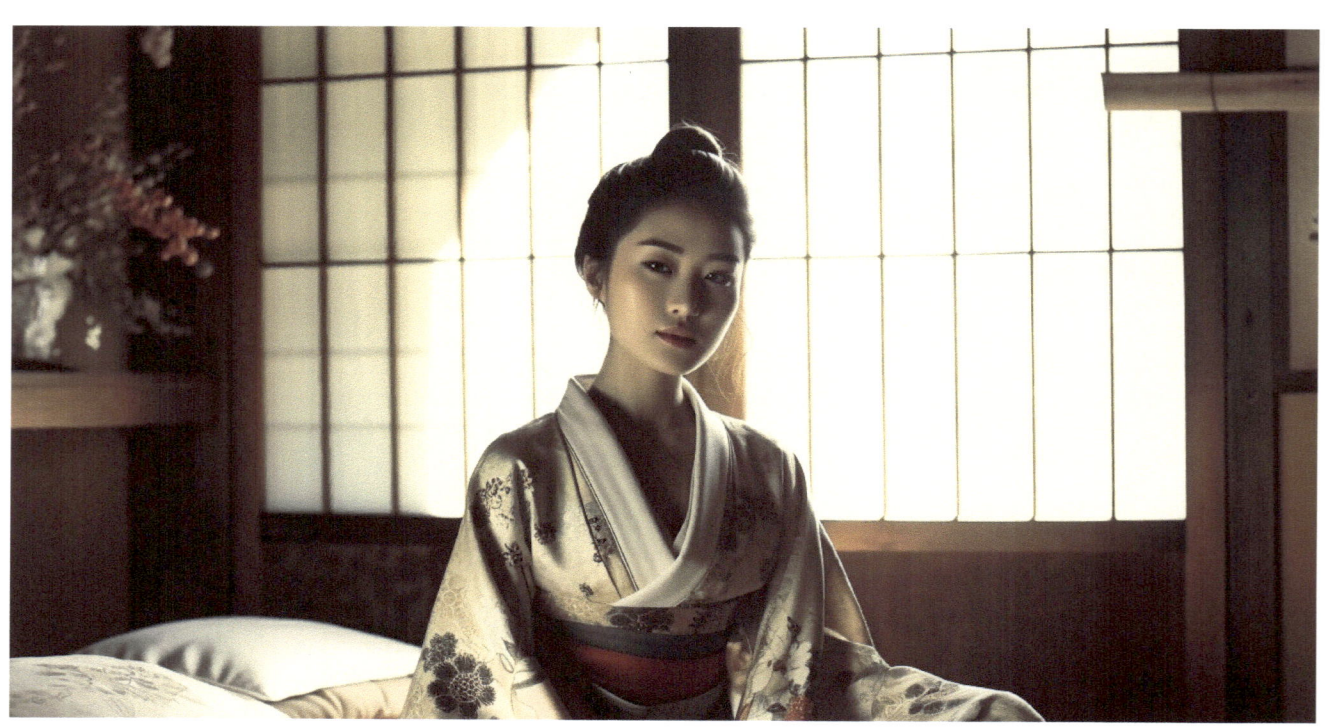

YUMI // JAPAN

In den belebten Straßen Tokios, wo traditionelle Schreine neben schimmernden Wolkenkratzern stehen, lebt eine 35-jährige Frau namens Yumi. Sie arbeitet als Übersetzerin und genießt ein ruhiges, einfaches Leben in der vibrierenden Metropole. Aber hinter ihrer bescheidenen Fassade verbirgt Yumi eine leidenschaftliche, sinnliche Seite, die sie nur selten zum Vorschein kommen lässt.

Eines Tages, während sie mit ihrer engsten Freundin Sachiko in einem stilvollen Izakaya saß, entschied sie sich, eine ihrer intimen Erlebnisse zu teilen. Yumi erzählte von einer unvergesslichen Nacht, in der sie ihre Hemmungen über Bord geworfen und sich ganz der Leidenschaft hingegeben hatte.

"Es war in Kyoto, während des Kirschblütenfestes", begann sie mit einem geheimnisvollen Lächeln. "Ich traf dort einen Mann, ein Künstler, der fasziniert war von der traditionellen japanischen Kultur. Wir saßen unter den Kirschblütenbäumen und sprachen über Poesie und Kunst."

Die Atmosphäre war elektrisch. Yumi erinnerte sich an die Art und Weise, wie der Mond das Gesicht des Künstlers beleuchtete, wie sein Lächeln sie faszinierte, und wie sie sich immer stärker zu ihm hingezogen fühlte. "Als er mich ansah, konnte ich ein Feuer in seinen Augen sehen. Es war, als ob er nicht nur mich ansah, sondern in meine Seele blickte", gestand sie.

Die Geschichte nahm eine sinnliche Wendung, als Yumi von dem Moment erzählte, in dem der Künstler sie zum Tanz aufforderte. "Wir tanzten unter den Kirschblüten, und alles um uns herum verschwamm. Es gab nur ihn, mich und die sanfte Musik unserer Herzen."

Yumi führte ihre Geschichte fort, in der sie von dem intensiven Augenkontakt, den Berührungen und der tiefen Verbindung, die sie mit diesem Mann spürte, erzählte. Sie beschrieb, wie sie sich hingab und jeden Moment genoss, von der sanften Berührung ihrer Hände bis zu dem tiefen, leidenschaftlichen Kuss, der die Nacht versüßte.

"Wie ein Haiku war unsere Begegnung kurz und intensiv, voller Schönheit und Bedeutung", schloss Yumi mit einem leisen Seufzer. "Es war eine Nacht der Leidenschaft und Romantik, die ich nie vergessen werde."

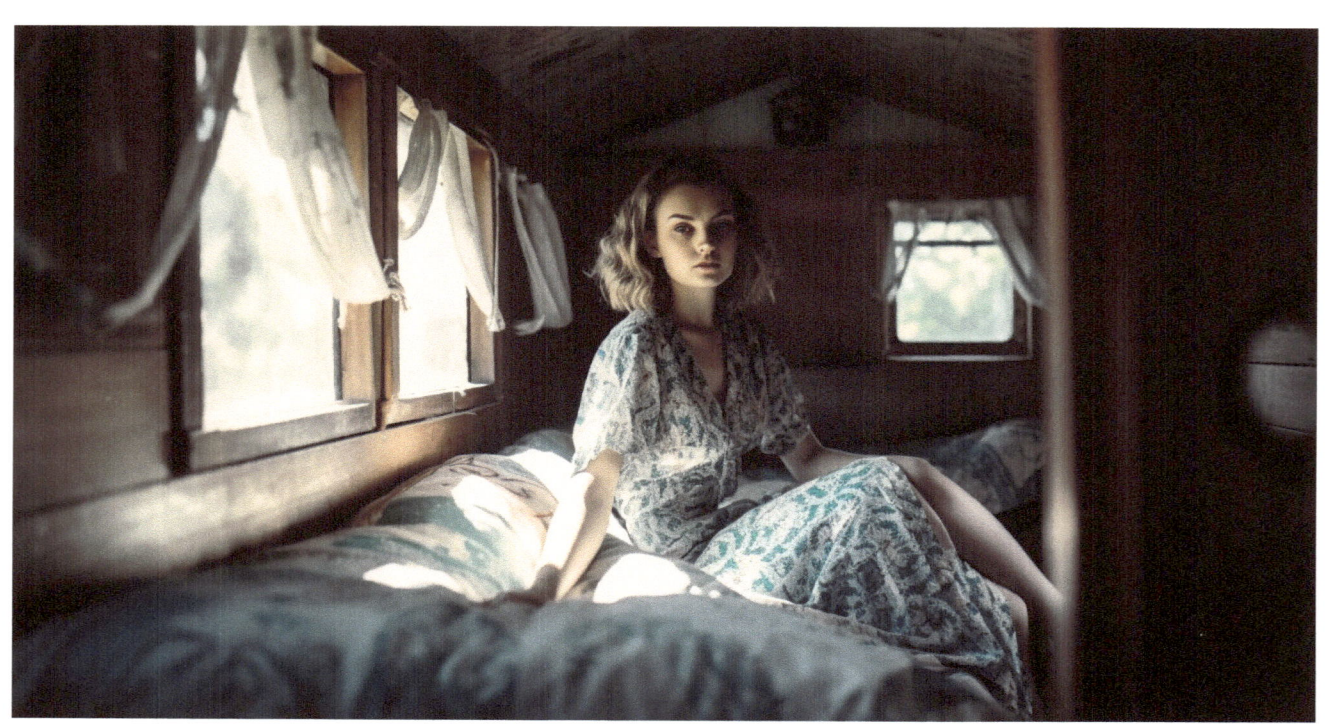

LENA // DEUTSCHLAND

Lena, eine junge Frau in ihren Zwanzigern, hatte einen alten Wohnwagen geerbt, ein Relikt aus den 40er Jahren, das mehr Persönlichkeit als Komfort bot. Doch sie liebte es, das Quietschen der Räder, die schrullige Innenausstattung und das Gefühl von Freiheit, das es ihr gab. Mit diesem Wohnwagen begann sie eine abenteuerliche Reise durch Europa, jede Stadt, jedes Dorf, jedes Land ein neues Kapitel in ihrer sich entfaltenden Geschichte.

Sie begann ihre Reise im malerischen Bayern, mit seinen mittelalterlichen Städten und verschneiten Alpengipfeln. Sie aß Bratwurst in Nürnberg, trank Bier in einem traditionellen Biergarten in München und schlief unter dem Sternenhimmel in den Bayerischen Alpen.

Von dort aus ging es weiter nach Frankreich, wo sie die romantischen Straßen von Paris erkundete, Wein in den Weinbergen von Bordeaux probierte und den rauen Charme der bretonischen Küste erlebte. In ihrem Wohnwagen, auf einem abgelegenen Campingplatz mit Blick auf das funkelnde Mittelmeer, las sie Bücher und schrieb in ihr Tagebuch, fest entschlossen, jeden Moment festzuhalten.

Als nächstes folgte Spanien mit seiner lebhaften Kultur und seinen atemberaubenden Landschaften. Sie tanzte Flamenco in Sevilla, genoss Tapas in Madrid und verlor sich in den verwinkelten Gassen von Barcelona. Jede Nacht schlief sie in ihrem Wohnwagen, lauschte dem leisen Geräusch der Grillen und dem entfernten Klirren von Gitarrenmusik.

In Italien verliebte sie sich in die Kunst von Florenz, die Architektur von Rom und die Kulinarik von Neapel. Sie lernte, wie man echte Pasta zubereitet, schrieb Gedichte am Ufer des Comer Sees und verbrachte lange Nächte in ihrem Wohnwagen, umgeben von den sanften Hügeln der Toskana.
Und so zog sie weiter durch Europa, jede Station eine neue Entdeckung, jede Erfahrung ein weiterer Pinselstrich auf dem Gemälde ihres Lebens. In ihrem Wohnwagen, ihrem fahrenden Zuhause, schrieb sie ihre Geschichte, eine Geschichte von Abenteuer und Freiheit, von Entdeckungen und Selbstfindung.

Lena, die junge Frau in ihrem alten Wohnwagen, wurde zur Reisenden, zur Erzählerin, zur Träumerin. Ihre Reise durch Europa war mehr als nur eine Reihe von Besuchen in verschiedenen Städten und Ländern. Es war eine Reise zu sich selbst, ein Abenteuer, das sie nicht nur durch Europa, sondern auch durch die Landschaft ihrer eigenen Seele führte.

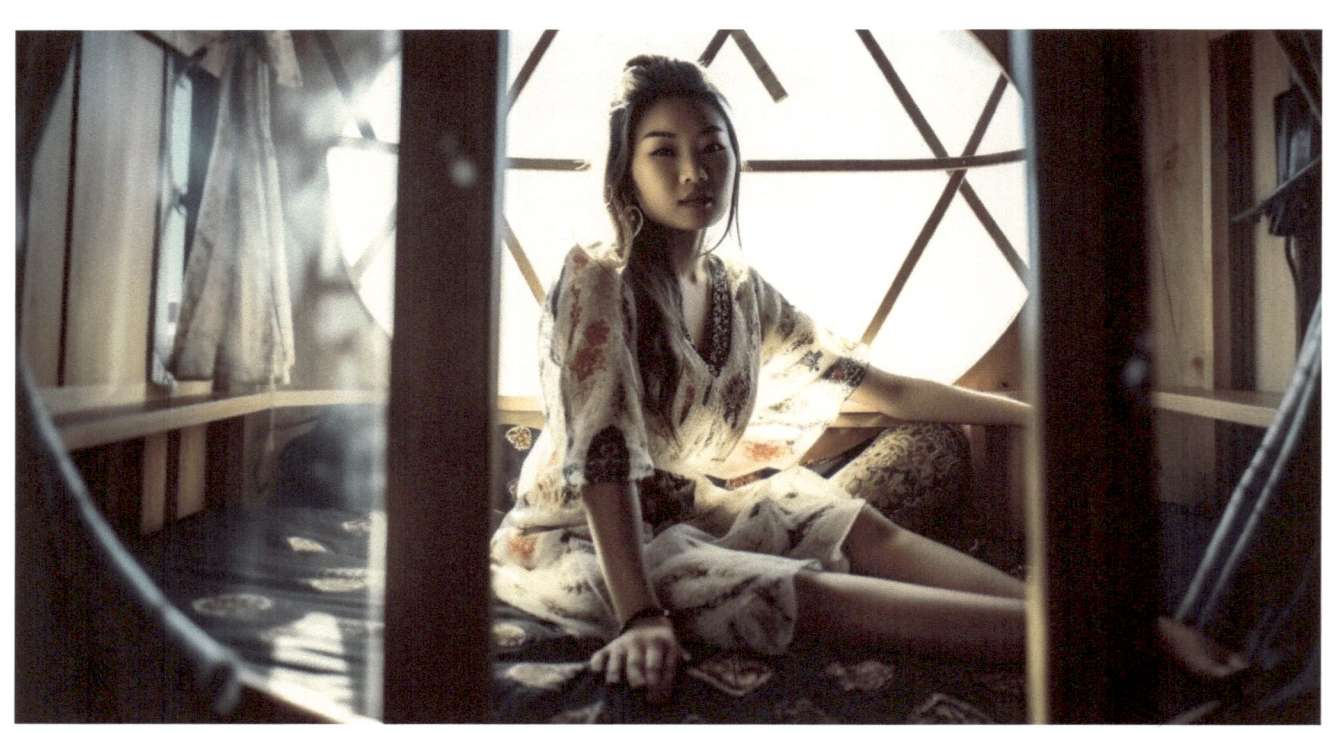

ENKHTUYA // MONGOLEI

Im Herzen der mongolischen Steppe, wo der Himmel weite Strecken bedeckt und der Wind Geschichten aus fernen Ländern trägt, lebt eine Frau namens Enkhtuya. Sie ist eine stolze Nomadin und lebt in einer Jurte, einem traditionellen, tragbaren Zuhause, das sowohl die Wärme des Sommers als auch die Kälte des mongolischen Winters widersteht.

Eines Tages, während sie ihren Tee in der gemütlichen Wärme ihrer Jurte genießt, beginnt Enkhtuya eine Geschichte, die sowohl beängstigend als auch inspirierend ist. "Es war eine stürmische Nacht", beginnt sie, ihre Augen leuchten im Feuerschein. "Der Wind heulte und wirbelte um die Jurte herum, als plötzlich die friedliche Stille von aufgeregten Stimmen und dem Klirren von Metall durchbrochen wurde."

Enkhtuyas Jurte war überfallen worden. Sie erinnert sich an das Gefühl der Angst und Hilflosigkeit, als sie die Schatten ihrer Angreifer in der Dunkelheit sah. Sie wehrten sich, aber die Überwältigung war zu groß, und die Jurte, ihre Heimat und Zuflucht, wurde zerstört.

"Als der Morgen anbrach und die Sonne über die weite Steppe stieg, stand ich vor den Überresten meiner Jurte", erzählt Enkhtuya, ihre Stimme ist fest, aber voller Emotion. "Ich fühlte eine Mischung aus Trauer und Wut, aber auch Entschlossenheit. Ich wusste, dass ich meine Jurte wieder aufbauen musste."

Und das tat sie. Mit der Hilfe ihrer Nachbarn und der Kraft ihrer eigenen Entschlossenheit begann Enkhtuya, ihre Jurte Stück für Stück wieder aufzubauen. Sie erinnert sich an das Gefühl der Zufriedenheit, als sie das erste Holzgestell aufstellte, an die Freude, als sie das erste Mal das Filzgewebe über das Dach spannte.

"Es war harte Arbeit, aber jede Schweißperle, jeder schmerzende Muskel war es wert", sagt Enkhtuya, ein Lächeln spielt um ihre Lippen. "Denn mit jedem aufgestellten Pfosten, mit jedem befestigten Filzgewebe, fühlte ich, wie meine Stärke zurückkehrte, wie meine Jurte und mein Geist wieder aufgebaut wurden."

Nach Wochen der harten Arbeit war die Jurte endlich fertig. Enkhtuya erinnert sich an das Gefühl der Erleichterung und Freude, als sie zum ersten Mal die Tür ihrer neuen Jurte öffnete. "Es war mehr als nur ein Gebäude", sagt sie, ihre Augen strahlen vor Stolz. "Es war ein Symbol für meine Stärke, meine Entschlossenheit und meinen Wunsch, trotz aller Widrigkeiten weiterzumachen."

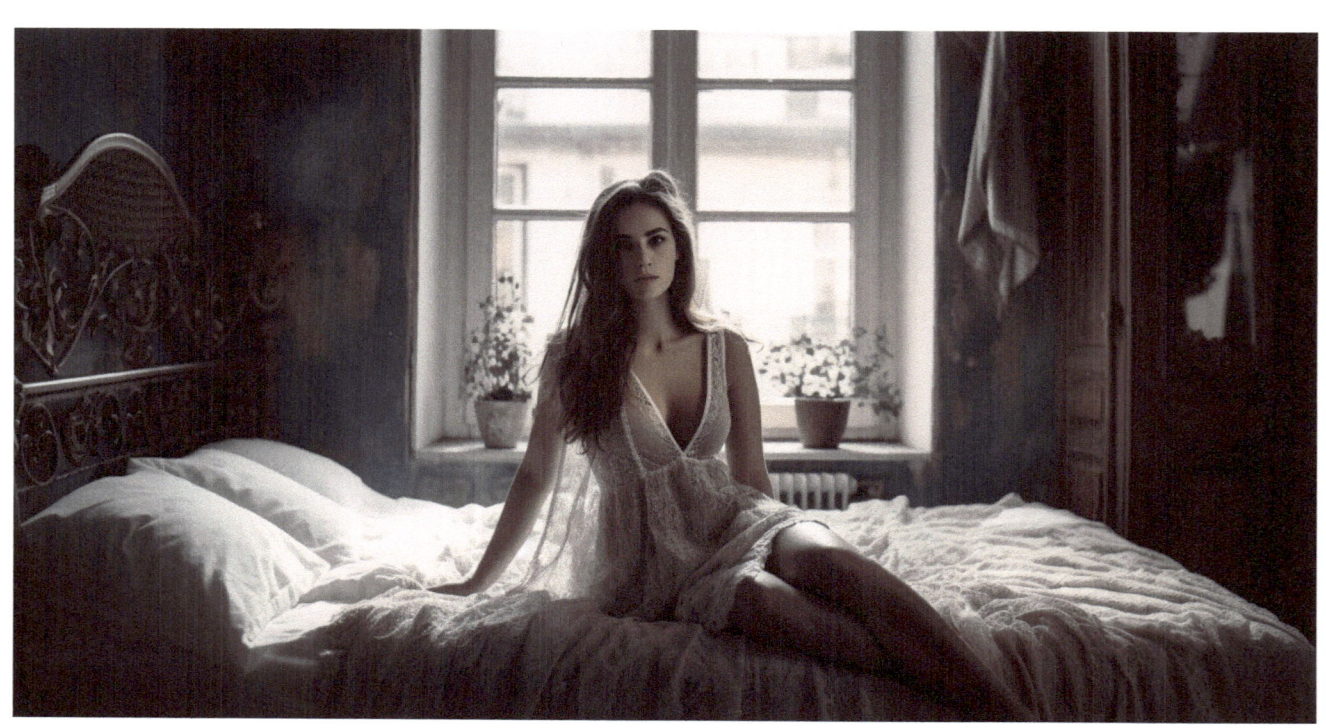

AMÉLIE // FRANKREICH

In lebhaften Paris, bekannt für ihren romantischen Charme und ihre pulsierende Kunstszene, lebt Amélie, eine französische Studentin, die eine ganz besondere Anekdote zu erzählen hat - ihre unglaubliche Bettgeschichte.

Amélie wohnt in einem kleinen, charmanten Apartment im Quartier Latin, vollgepackt mit Büchern und Vintage-Möbeln, darunter ihr altmodisches Eisenbett, das Mittelpunkt vieler ihrer Geschichten ist. Einmal, als sie eine Gruppe von Freunden bei einer Tasse Kaffee unterhielt, lehnte sie sich zurück, ein schelmisches Lächeln spielte um ihre Lippen und sie begann: "Ach, das Bett... es ist mehr als nur ein Möbelstück, es ist ein wahrer Zeuge meines Lebens."

Die Geschichte beginnt an einem sonnigen Morgen, als Amélie zu spät zu ihrer Vorlesung an der Universität kam. In ihrer Eile sprang sie aus dem Bett, verfing sich aber in ihrer Decke und stürzte zu Boden. "Das Bett und ich haben manchmal unsere Meinungsverschiedenheiten," witzelte sie, als sie die Geschichte erzählte, und ihre Freunde lachten herzlich.

Aber das Bett war nicht nur Schauplatz lustiger Missgeschicke. Es war auch der Ort, an dem Amélie viele Nächte mit ihren Büchern und Notizen verbracht hat, um für ihre Prüfungen zu lernen. "Man könnte sagen, dass dieses Bett mehr über Derrida und Foucault weiß als jeder andere in diesem Raum", sagte sie und zwinkerte ihren Freunden zu.

Es gab auch romantische Geschichten. Amélie erzählte von den Nächten, in denen sie unter der Decke lag und mit ihrem Freund flüsterte, von den Geheimnissen, die sie teilten, und den Versprechen, die sie machten. "Aber keine Sorge, das Bett ist diskret. Es wird unsere Geheimnisse niemals verraten", fügte sie hinzu, und ihre Freunde kicherten vor Vergnügen.

Am Ende jeder Geschichte betonte Amélie jedoch die Bedeutung ihres Bettes. "Es ist ein Zufluchtsort, ein Ort des Lernens, des Lachens, der Liebe und manchmal des Scheiterns. Es ist ein Spiegel meines Lebens", sagte sie und sah in die Runde. "Und das, meine Freunde, ist die wahre Geschichte meines Bettes."
Die Freunde lachten und applaudierten, begeistert von Amélies Erzählkunst. Sie hatte eine alltägliche Sache - ein Bett - genommen und sie zu einer Bühne für ihre Lebensgeschichte gemacht, voller Humor, Wärme und Menschlichkeit.

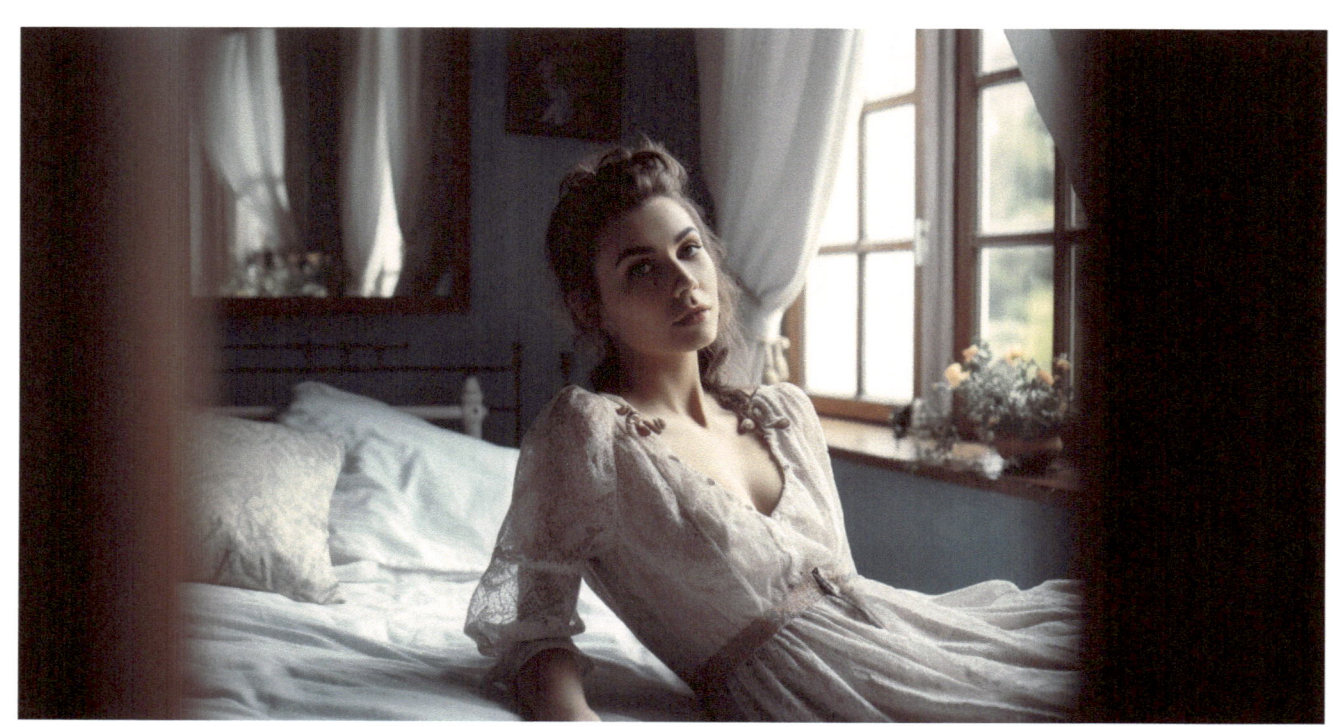

SOPHIE // BELGIEN

Es war ein ganz normaler Abend in Antwerpen. Die dunklen Gassen der Stadt wurden von den schimmernden Lichtern der Bistros und Boutiquen beleuchtet. Inmitten dieser Atmosphäre fand ein besonderes Ereignis statt. Sophie, eine junge Belgierin mit einem ansteckenden Lächeln und einer Leidenschaft für unerwartete Abenteuer, fand sich auf einmal in einer Situation, die selbst ihr überbordendes Leben auf den Kopf stellte.

Es begann alles in einer schummrigen Bar. Sie traf auf einen charmanten Fremden. Seine grünen Augen funkelten im Licht der Neonlampen und seine Stimme hatte den leichten Akzent eines Weltreisenden. Ehe sie sich versah, hatten sie die ganze Nacht getanzt, gelacht und geflirtet. In ihrer ausgelassenen Stimmung, nahm sie ihn mit nach Hause. Was folgte, war ein wilder, unvergesslicher Abend voller Leidenschaft und Romantik.

Als sie am nächsten Morgen aufwachte, war der Fremde verschwunden. Aber er hatte etwas zurückgelassen. Ein Smartphone lag versteckt zwischen den Laken ihres Bettes. Mit zitternden Händen nahm Sophie das Telefon und öffnete es.

Da sah sie es. Die Fotos und Nachrichten auf dem Display ließen keinen Zweifel zu - der mysteriöse Liebhaber war niemand anderes als ein bekannter Schauspieler, dessen Gesicht sie schon oft auf Kinoleinwänden gesehen hatte. Sie konnte es kaum glauben. Sie lachte laut auf, schüttelte den Kopf und ließ sich wieder ins Bett fallen. Was für ein unglaublicher Twist! Was für eine verrückte Nacht!
In den nächsten Tagen war das Lächeln auf Sophies Gesicht noch breiter als sonst. Sie behielt das Geheimnis für sich und genoss den Nervenkitzel der unerwarteten Begegnung. Der Schauspieler rief sie schließlich an und bat um sein Handy. Sie trafen sich, tauschten verlegene Blicke und Lächeln aus und versprachen, das Erlebnis für sich zu behalten.

Sophie, die junge Belgierin mit dem ansteckenden Lächeln, hatte wieder einmal ein Abenteuer erlebt, das sie nie vergessen würde. Es war nicht nur eine wilde Nacht, sondern eine Geschichte, die sie immer wieder zum Lachen brachte. Und so, mit einem Smartphone in der Hand und einem bekannten Schauspieler in ihrem Bett, wurde diese Nacht zu einem unvergesslichen Kapitel in ihrem ohnehin schon farbenfrohen Leben.

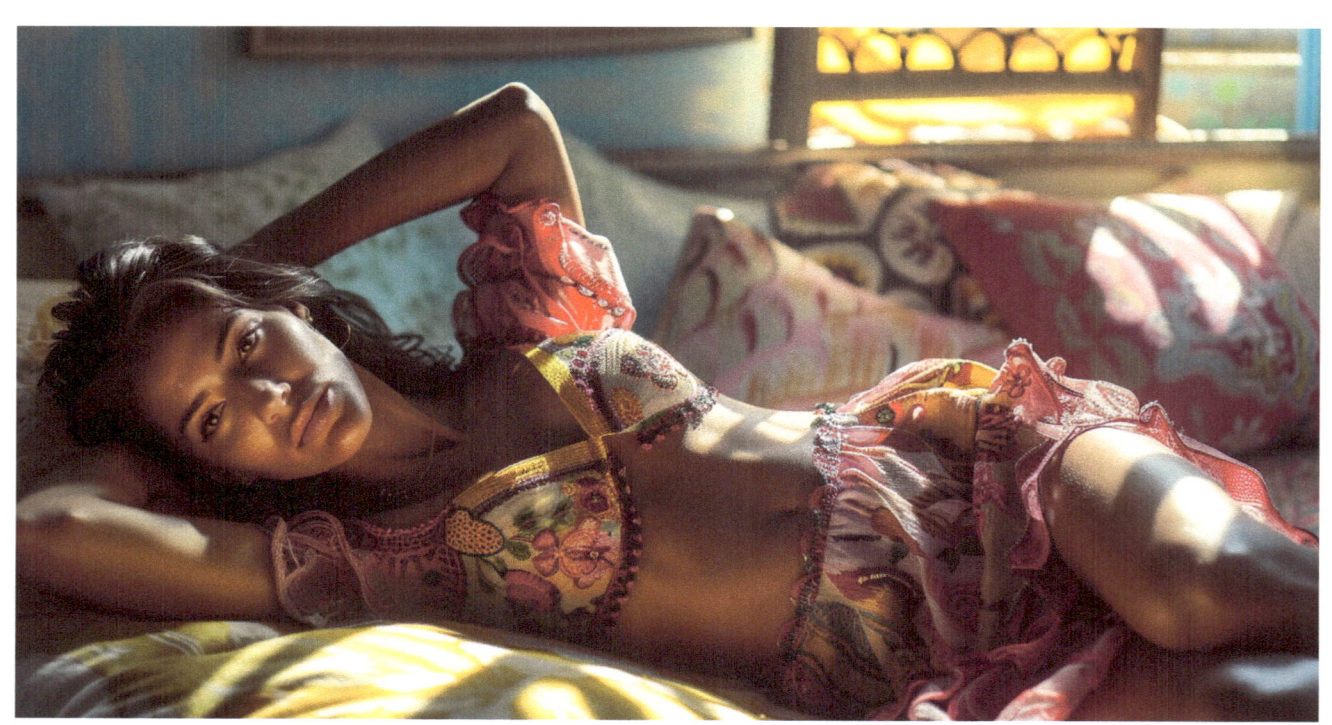

LOLA // SPANIEN

Sevilla, einer Stadt, in der der Duft von Orangenblüten in der Luft liegt und der Klang der Gitarre jede Nacht zum Leben erwacht, lebt Lola, eine feurige Flamenco-Tänzerin. Sie besitzt die Fähigkeit, jede Bühne, auf der sie tanzt, in Brand zu setzen und die Herzen der Menschen, die sie beobachten, zum Beben zu bringen.

Eines Tages, nach einer besonders bezaubernden Vorstellung, erzählt Lola eine leidenschaftliche Geschichte, die ihren Zuschauern den Atem raubt. Es ist die Geschichte von ihr und einem Mann namens Diego, einem andalusischen Gitarristen, der nicht nur die Saiten seiner Gitarre, sondern auch die Saiten ihres Herzens berührte.

"Ich werde nie den Tag vergessen, an dem ich Diego zum ersten Mal sah", beginnt Lola, ihre dunklen Augen leuchten vor Erinnerung. "Er spielte auf seiner Gitarre in einer kleinen Bar in Triana, seine Finger flogen über die Saiten und erweckten die schönsten Melodien zum Leben."

Die Begegnung mit Diego veränderte alles für Lola. Sie fand in ihm einen Partner, einen Musiker, der ihre Leidenschaft für den Tanz verstand und sie auf eine Weise begleiten konnte, die sie noch nie zuvor erlebt hatte. Ihre Performances zusammen waren elektrisierend - seine Gitarrenmelodien vermischten sich mit ihrem Tanz, und zusammen erweckten sie die wahre Essenz des Flamenco zum Leben.

"Eines Nachts, nachdem wir zusammen aufgetreten waren, nahm er meine Hand und führte mich auf die Dachterrasse", erzählt Lola, ihr Gesicht nimmt einen träumerischen Ausdruck an. "Unter dem Sternenhimmel, mit den Lichtern von Sevilla, die unter uns funkeln, tanzten wir unseren eigenen Flamenco. Es war kein Tanz für das Publikum, es war ein Tanz für uns. Ein Tanz der Leidenschaft."

"In Diegos Armen zu sein und zu seinem Gitarrenspiel zu tanzen, war wie in einem Traum. Es war als ob wir eins geworden wären, unser Herzschlag, unsere Bewegungen, unsere Seelen im Rhythmus des Flamenco verschmolzen."

Diese Nacht, sagt Lola, ist eine Erinnerung, die sie immer in ihrem Herzen tragen wird. "Es war eine Nacht der Leidenschaft, eine Nacht, in der ich die wahre Bedeutung des Flamencos verstanden habe. Es ist nicht nur ein Tanz, es ist eine Art zu lieben, zu leben, zu fühlen."

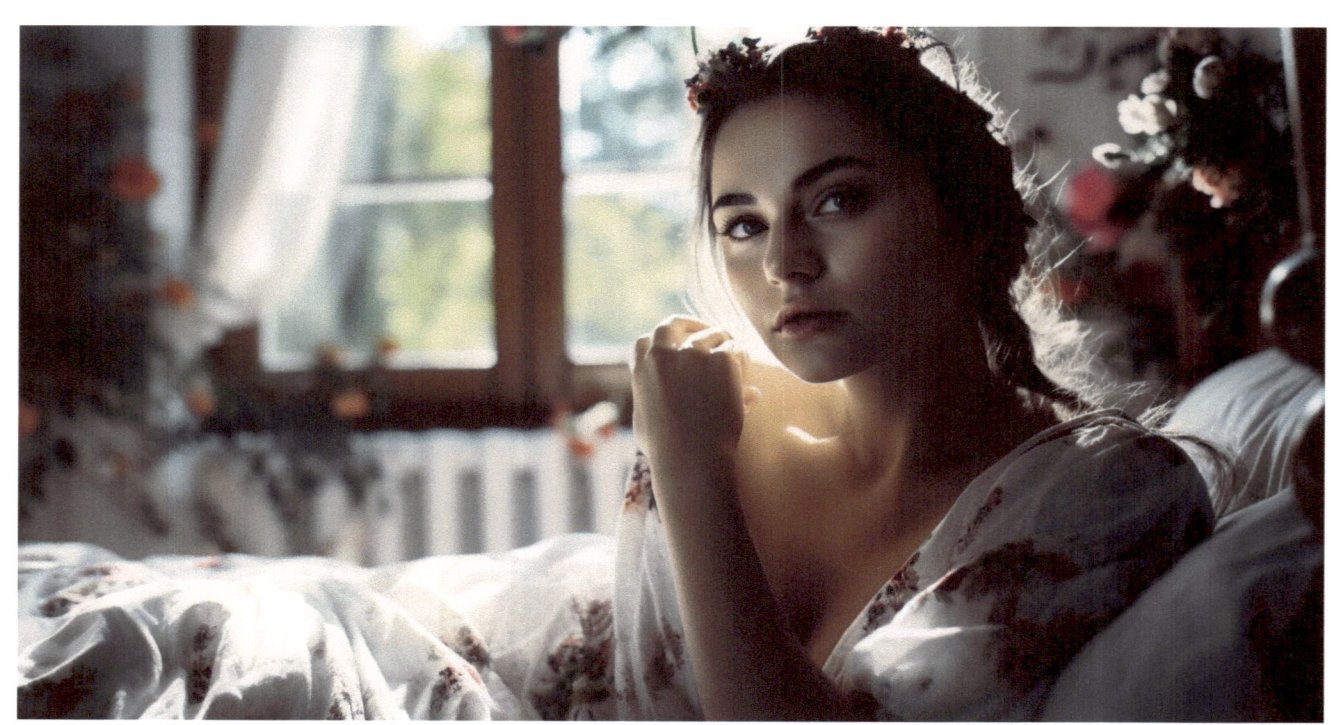

EMILIA // POLEN

Emilia, eine lebendige junge Frau aus Krakau in Polen, hat eine bezaubernde Faszination für Blumen. Ihre Leidenschaft für die Botanik ist nicht nur ein Hobby, sondern auch ein zentrales Element ihrer verführerischen Gedankenwelt.

In Emilias kleinem Apartment finden wir sie in ihrem Bett, umgeben von einem Meer aus bunten Blüten, die sie sorgfältig aus dem nahegelegenen Floristen ausgewählt hat. Sie erzählt von einem geheimen Vergnügen, das sie mit uns teilen möchte.

"Blumen sind nicht nur schöne Objekte", beginnt sie mit einem koketten Lächeln. "Sie sind auch das perfekte Werkzeug für die Fantasie."
In Emilias Welt sind Blumen mehr als nur Zierpflanzen. Sie sind Protagonisten in ihren sinnlichsten Gedankenspielen. "Jede Blume hat ihre eigene Persönlichkeit", erklärt sie. "Die Rosen sind stolz und leidenschaftlich, die Lilien sind schüchtern und unschuldig, die Orchideen sind exotisch und geheimnisvoll... Jede von ihnen erzählt ihre eigene Geschichte."

Emilia liebt es, diese Geschichten in ihren Gedanken weiterzuspinnen. Sie stellt sich vor, wie sie in einem Garten voller lebendiger, verführerischer Blumen liegt, die ihre Haut sanft berühren und ihren Körper mit ihren süßen Düften umhüllen. Sie stellt sich vor, wie die Blumen sie streicheln, sie verführen, sie in eine Welt voller Sinnesfreuden entführen.

"Es ist ein Spiel, das ich liebe", sagt sie, ihr Gesicht von den Farben der Blüten erhellt. "Ein Spiel der Verführung, ein Spiel der Fantasie. Ein Spiel, in dem ich die Hauptrolle spiele, unterstützt von meinem wunderschönen Ensemble aus Blumen."

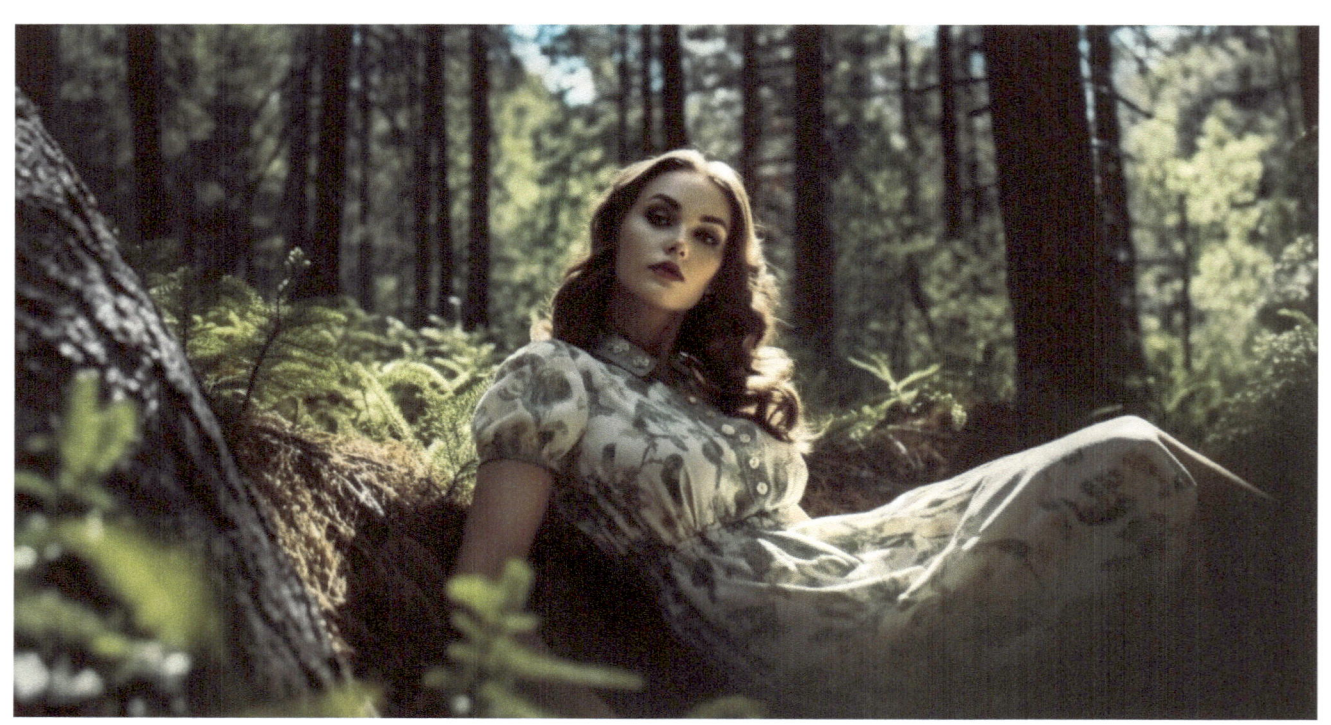

ANASTASIA // UKRAINE

Anastasia, eine junge Frau aus der ukrainischen Stadt Donezk, hat mehr erlebt, als man es sich in ihrem Alter vorstellen kann. Geprägt vom Krieg, erzählt sie von den Tagen und Nächten, die sie in den dunklen, kalten U-Bahnstationen verbracht hat, um Schutz vor den Bomben zu suchen, die ihren geliebten Heimatort bedrohten.

"Die Erinnerungen sind noch frisch, als ob es gestern gewesen wäre", beginnt sie mit nachdenklicher Stimme. "Die Geräusche, die Schreie, das ständige Gefühl der Angst, es war eine Zeit, die ich niemals vergessen werde."

Die U-Bahn-Station wurde zu ihrem temporären Zuhause. Die kalten, dunklen Tunnel wurden zu ihrer Welt, die Menschen um sie herum zu ihrer Familie. Trotz der schwierigen Umstände erlebte Anastasia Momente der Solidarität und Menschlichkeit, die sie bis heute prägen.

"Dort unten hatten wir nichts, aber wir hatten einander", erinnert sie sich. "Wir haben zusammen geweint, zusammen gelacht, zusammen gehofft. Es war eine harte Zeit, aber es war auch eine Zeit, in der ich die Stärke der menschlichen Verbindung wirklich erkannt habe."

Anastasia erzählt von langen Nächten, in denen sie auf dem kalten Boden der U-Bahn-Station lag und die Sterne durch das kleine Fenster in der Decke beobachtete. Sie erzählt von der tiefen Sehnsucht, die sie in diesen Momenten verspürte, die Freiheit und das Licht der Außenwelt wieder zu erleben.

"Jeder Tag war ein Kampf, aber ich hatte einen Traum, einen Traum davon, wieder draußen zu sein, den Himmel zu sehen, den Wind auf meinem Gesicht zu spüren. Und dieser Traum hat mich am Leben erhalten."

Heute, nach all den Monaten des Krieges und des Leidens, liegt Anastasia im Gras, umgeben von der Schönheit und Ruhe des Waldes, und schaut in den weiten blauen Himmel. Auf dem Bild, das wir von ihr haben, sieht man ein starkes, entschlossenes Gesicht, ein Gesicht, das trotz aller Widrigkeiten Hoffnung und Stärke ausstrahlt.

"Es ist ein Gefühl der Freiheit, das ich kaum in Worte fassen kann", sagt sie. "Es sind die kleinen Dinge, die Sonne auf meiner Haut, der Geruch des Waldes, das Rauschen der Blätter im Wind... Das sind die Dinge, die ich am meisten vermisst habe und die ich jetzt umso mehr schätze."

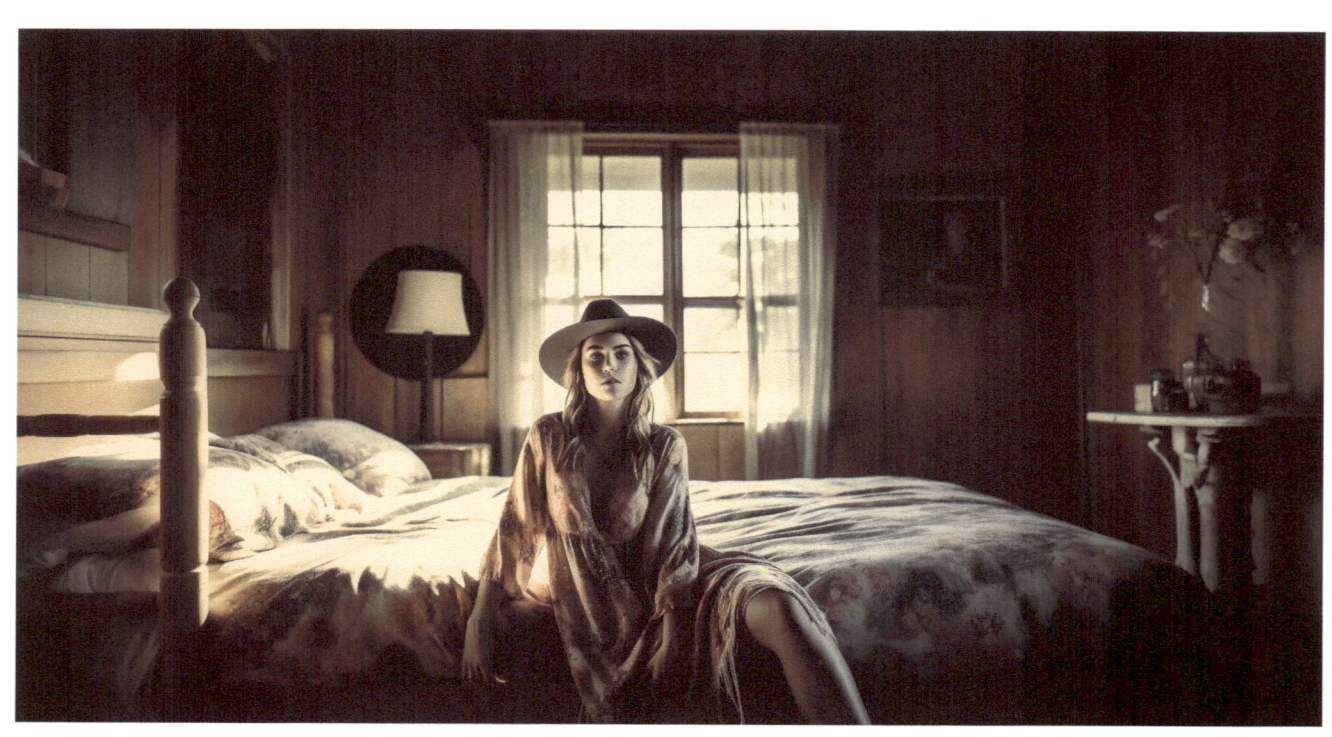

JUDY // USA

Im Herzen einer kleinen Stadt in Texas, wo der Geruch von Staub und Pferden die Luft erfüllt, lehnt sich eine 20-jährige Cowgirl auf ihrem Bett zurück, der Sonnenuntergang vor dem Fenster wirft lange Schatten in ihr Zimmer. Sie ist gerade von einem langen Tag des Viehtriebs und Pferdetrainings zurückgekehrt, ihre Stiefel stehen an der Tür, die Sporen noch angebracht.

Ihr Schlafzimmer ist ein Spiegel ihres Lebens, eine Mischung aus Zähigkeit und Anmut. Alte Rodeo-Poster schmücken die Wände, Zeugnisse ihrer Siege, und ein abgenutzter Sattel steht in der Ecke, eine Erinnerung an unzählige Sonnenaufgänge im Sattel. Ihr Bett, ein Symbol für Ruhe und Zuflucht, ist der Ort, an dem sie Kraft für die Herausforderungen des nächsten Tages sammelt.

Während sie dort in ihrem Kleid sitzt, blickt sie mit Entschlossenheit auf die Kamera, ein Hauch von einem Lächeln spielt auf ihren Lippen. Ihre Augen reflektieren einen ungebrochenen Geist und erzählen die Geschichte von der Hartnäckigkeit, die es braucht, um sich ein Leben im wilden Westen zu erkämpfen. Ihr Tag ist voller Schweiß, Staub und anstrengender Arbeit, aber auch Momente atemberaubender Schönheit, wenn die untergehende Sonne den Himmel in Orange- und Pinktönen färbt, oder wenn ein neugeborenes Kalb seine ersten wackeligen Schritte macht.

Aber jetzt ist die Arbeit des Tages getan. Die Nacht bricht herein, und die lebendige texanische Landschaft vor ihrem Fenster liegt still, ruht unter einem Sternenhimmel. Ihre Muskeln schmerzen, aber ihr Herz ist voll. Morgen wird die Sonne aufgehen, das Vieh wird gepflegt werden müssen, und sie wird den Tag mit der gleichen Widerstandskraft wie immer angehen. Aber für jetzt ist sie nur eine junge Frau, die einen ruhigen Moment im sanften Schein der Abenddämmerung genießt.

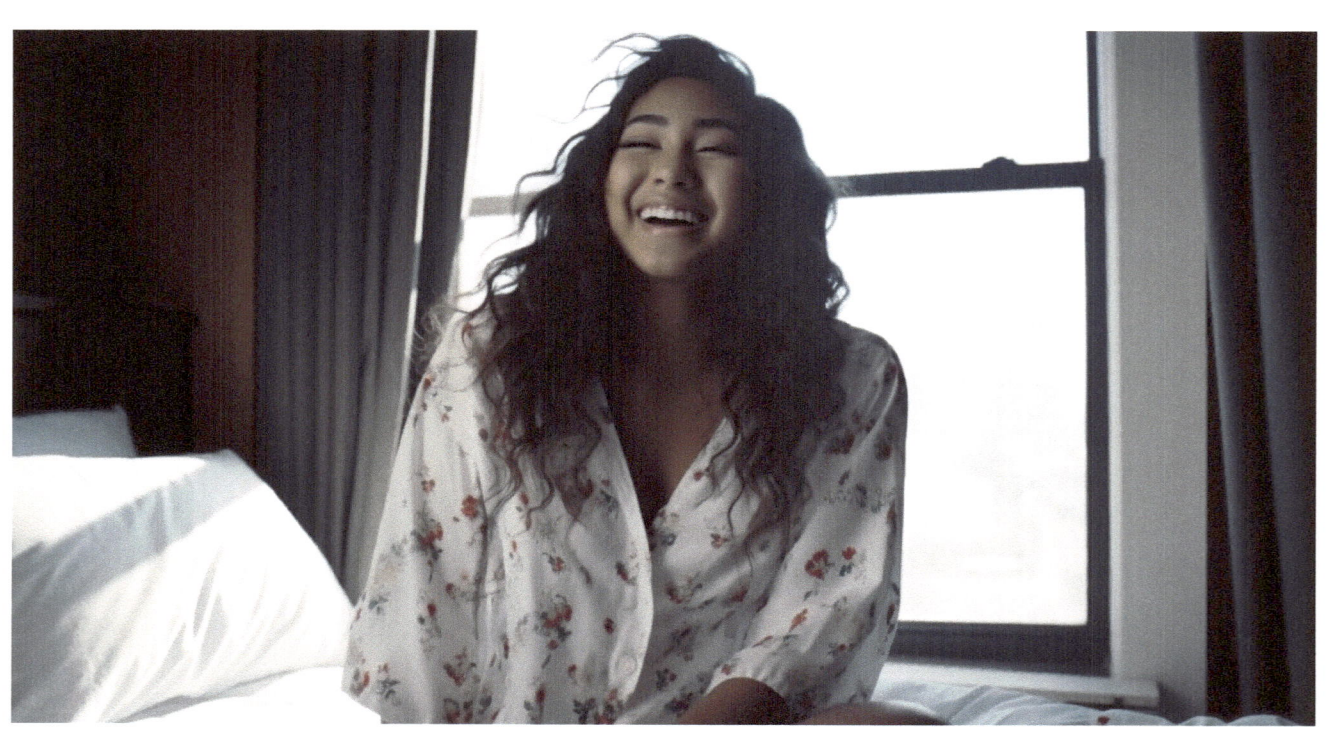

SUKI KIM // KOREA

Es ist nicht nur irgendein Bett. Es ist die Bühne für Suki Kim, eine aufstrebende Schauspielerin in New York City, die den Traum hegt, eines Tages auf den Brettern zu stehen, die die Welt bedeuten. Ursprünglich aus Seoul, Korea, kam sie in die Vereinigten Staaten mit der Hoffnung, dass ihre Träume in dieser Stadt, die niemals schläft, Wirklichkeit werden.

In ihrer bescheidenen Wohnung in Brooklyn dient ihr Bett als ihre persönliche Probebühne. Jeden Morgen wacht sie auf, blickt auf die staubigen Backsteingebäude vor ihrem Fenster, schlürft ihren dampfenden Kaffee und dann beginnt die Arbeit. Drehbücher sind über ihre Bettdecke verstreut, jedes einzelne mit bunten Haftnotizen und Randbemerkungen bedeckt.

"Dieses Bett", sagt sie und streicht liebevoll über die raue Bettdecke, "ist mein sicherer Ort, mein kreativer Spielplatz. Hier probiere ich die Stimmen meiner Charaktere aus, gestikuliere wild, übe mein Lachen, meine Tränen, meine Wut. Dieses Bett hat mehr Dramen gesehen als irgendeine Bühne in dieser Stadt."

Eines Tages ist sie eine mittelalterliche Königin, die um ihren Thron kämpft, dann ist sie wieder eine verliebte junge Frau aus den 1920er Jahren. Manchmal spielt sie eine trotzig moderne Geschäftsfrau, oder auch ein verängstigter Flüchtling. Und obwohl sie allein in ihrem Zimmer ist, sind die Emotionen, die sie durchlebt, real und kraftvoll.

Es ist nicht immer einfach. Manchmal ist die Enttäuschung schwer zu ertragen, die Ablehnungen können verheerend sein. Aber Suki gibt nicht auf. Sie kehrt immer wieder zu ihrem Bett zurück, taucht in die Geschichten ein, sucht nach der Wahrheit in den Worten der Drehbuchautoren.
"Es ist schwer", gibt sie zu, "aber ich liebe es. Ich liebe jede Sekunde davon. Denn jedes Mal, wenn ich eine Rolle spiele, werde ich ein Teil von etwas Größerem. Ich werde Teil einer Geschichte, Teil der Magie des Theaters."

Und so verbringt sie ihre Tage und Nächte, rollt von einem Ende ihres Bettes zum anderen, lacht, weint, schreit und flüstert. Sie ist Suki Kim, eine junge Asiatin in New York City, eine aufstrebende Schauspielerin, die hart für ihren Traum arbeitet. Ihr Bett ist ihr Proberaum, ihre Bühne, ihr Refugium. Und sie würde es nicht anders haben wollen.

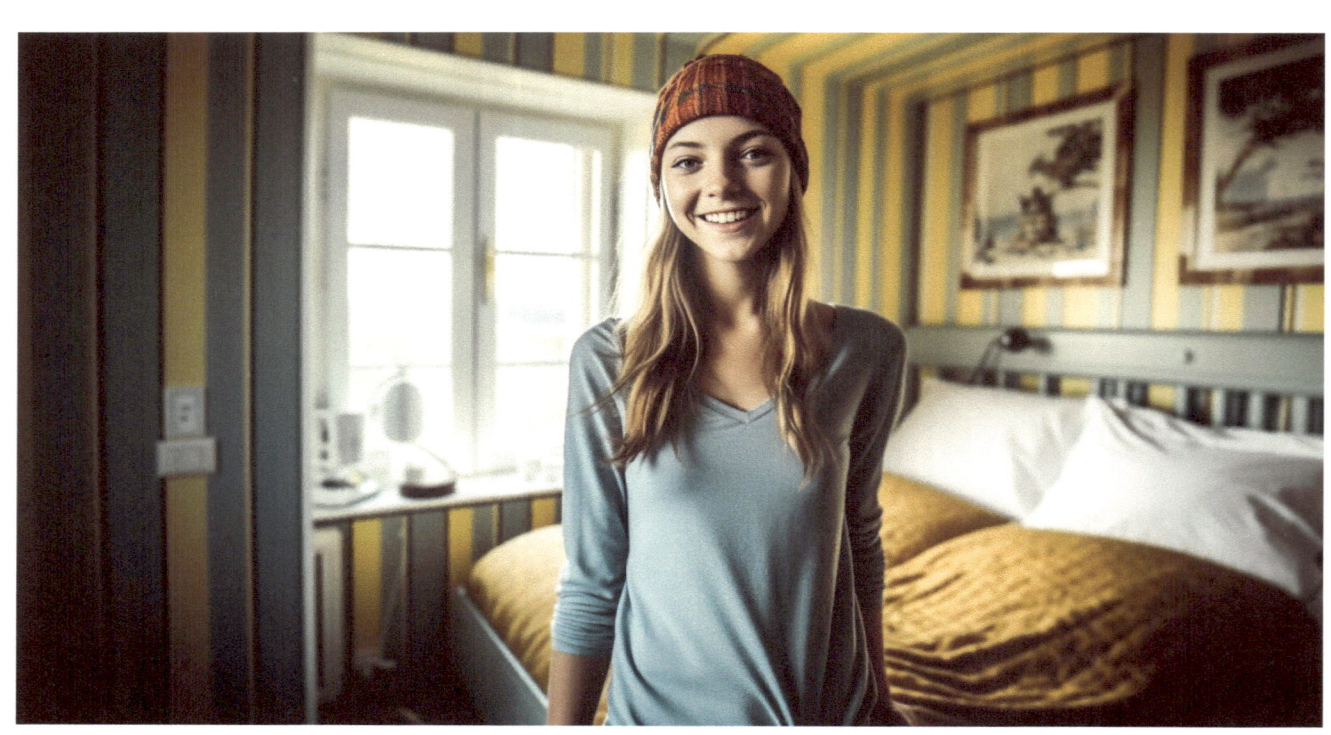

SOLVEIG // NORWEGEN

Solveig wuchs in einem kleinen Fischerdorf in der Provinz Møre og Romsdal auf. Mit ihren leuchtend blauen Augen, die so tief und weit wie der Fjord selbst sind, sticht sie heraus. Sie ist bekannt für ihr schelmisches Lächeln, ihren unbeugsamen Geist und ihr unstillbares Verlangen nach Abenteuer.

Eines Tages begab sich Solveig auf eine abenteuerliche Wanderung in die umliegenden Berge, fest entschlossen, die faszinierende Wildnis Norwegens zu erkunden. Nach einem langen Aufstieg erreichte sie einen Aussichtspunkt, von dem aus sie einen atemberaubenden Blick auf den tiefblauen Fjord hatte, der sich unten ausbreitete.

Dort, hoch oben in der Stille der Berge, sagte Solveig mit einem tiefen Seufzer der Zufriedenheit: "Es gibt nichts Schöneres als die Wildheit unserer norwegischen Natur. Sie fordert uns heraus, sie lehrt uns, und am Ende belohnt sie uns mit ihrer unbändigen Schönheit."

Just in dem Moment bemerkte Solveig eine Bewegung in der Ferne. Ein großer Schatten bewegte sich durch den dichten Nebel, der sich um die Fjordküste gewickelt hatte. Mit einem prüfenden Blick erkannte sie die Gestalt eines gewaltigen Wals, der majestätisch durch das eiskalte Wasser glitt.
Völlig fasziniert beobachtete sie, wie der Wal seine Fluke hoch in die Luft hob und dann mit einem gewaltigen Platschen wieder ins Wasser tauchte. "Ah, der mächtige Riese des Nordens", murmelte sie ehrfürchtig. "Ein weiterer Beweis dafür, wie wunderbar wild und unvorhersehbar unsere Natur sein kann."

Diese Begegnung mit dem Wal war für Solveig mehr als nur ein spektakuläres Naturschauspiel. Es war eine Begegnung, die sie an die ungebändigte Schönheit und Kraft ihrer Heimat erinnerte. Und es war ein Moment, den sie nie vergessen würde. Später erzählte sie oft von diesem Erlebnis und beendete die Geschichte stets mit den Worten: "Wir dürfen nie vergessen, dass wir nur Gäste in dieser wundervollen Wildnis sind. Wir müssen sie schätzen und respektieren, denn sie ist ein Geschenk, das wir bewahren und an zukünftige Generationen weitergeben müssen."

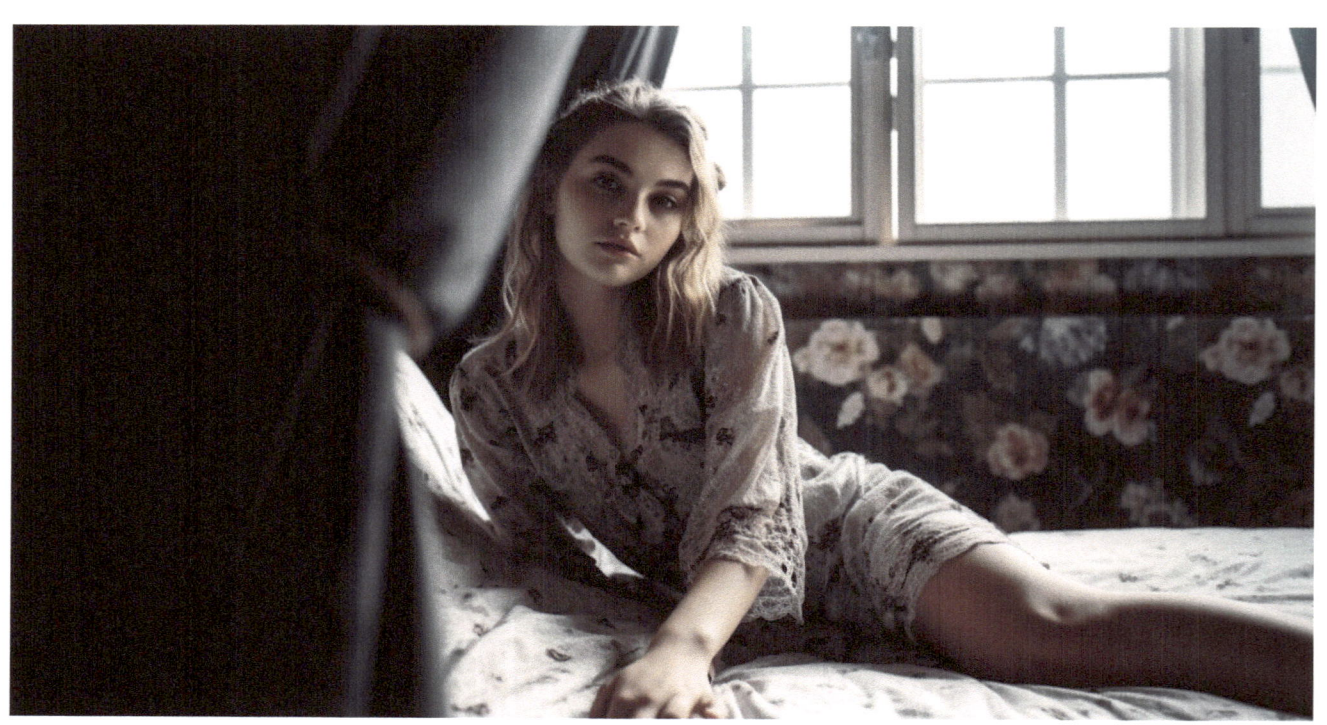

LJUBICA // SERBIEN

Ljubica ist eine junge Frau aus Belgrad in Serbien. Sie ist voller Lebenslust, Abenteuerlust und vor allem einem tiefen Engagement für eine vegane Lebensweise verpflichtet.

"Ljubica, was hat dich dazu gebracht, vegan zu leben?", frage ich sie. Sie lacht und blickt aus dem Fenster ihres kleinen Apartments, wo der belebte Markt von Zeleni Venac liegt. "Nun, es ist eine Geschichte, die ich gerne erzähle."

Die Geschichte begann vor vier Jahren, als Ljubica an einer Universität in Belgrad studierte. Sie war immer eine Tierliebhaberin und hatte bereits zu dieser Zeit Bedenken hinsichtlich Tierquälerei und Umweltproblemen. Eines Tages stolperte sie über einen Dokumentarfilm über die Lebensmittelindustrie und den Einfluss der Tierproduktion auf die Umwelt. Dieser Film veränderte ihr Leben.

"Es war ein Weckruf für mich", sagt sie leidenschaftlich. "Ich konnte nicht glauben, was ich gesehen hatte. Der Missbrauch, die Grausamkeit... es war herzzerreißend. Und dann die Umweltzerstörung... ich wusste, dass ich etwas ändern musste. Nicht nur für die Tiere, sondern auch für unseren Planeten."

Und so begann Ljubica ihre Reise in ein veganes Leben. Anfangs war es eine Herausforderung, vor allem in einer Kultur, in der Fleischkonsum so tief verwurzelt ist. Doch sie ließ sich nicht entmutigen.

Sie begann, sich intensiv mit veganer Ernährung zu beschäftigen, lernte neue Rezepte und entdeckte ein neues Verständnis für Lebensmittel und ihren Einfluss auf unseren Körper und unseren Planeten. "Es war wie eine neue Welt für mich. Eine Welt voller Farben, Aromen und Vielfalt. Und ich fühlte mich besser, gesünder und lebendiger als je zuvor."

Heute ist Ljubica nicht nur vegan, sondern setzt sich auch aktiv für Tierrechte und Umweltschutz ein. Sie organisiert Workshops an ihrer Universität, um das Bewusstsein für die Vorteile einer veganen Lebensweise zu schärfen und andere zu inspirieren, ihren eigenen Weg zu gehen.

"Ich glaube fest daran, dass Veränderung bei uns selbst beginnt", sagt sie mit einem entschlossenen Blick. "Wir haben die Kraft, einen Unterschied zu machen, jeden Tag, mit jeder Mahlzeit. Und das ist das Schöne am veganen Leben - es ist eine Reise des Mitgefühls, der Entdeckung und der Veränderung."

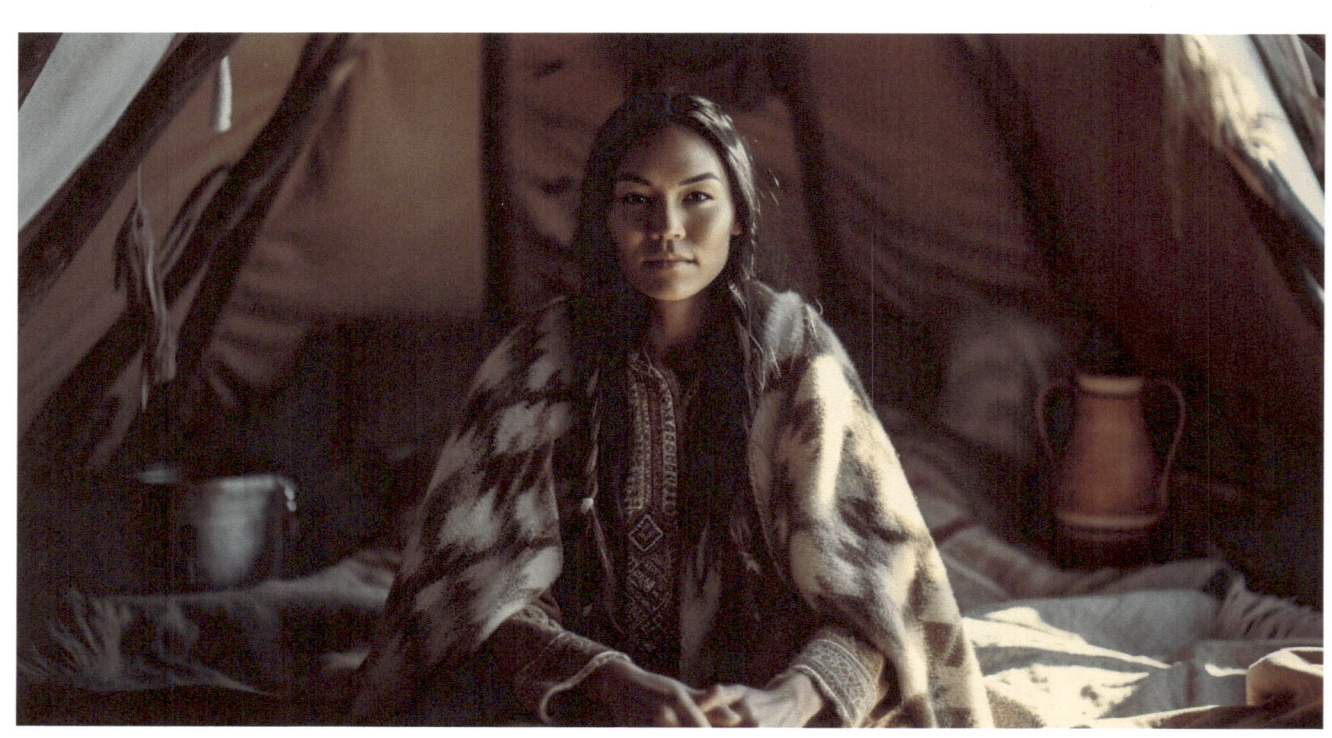

ALUNA // USA

In der weiten Landschaft der nordamerikanischen Prärie, dort wo Büffelherden einst die Hügel hinunter galoppierten, liegt das Zelt dieser starken Indianerfrau. Mit ihren 30 Jahren ist sie eine zentrale Säule ihrer Gemeinschaft, geprägt von der Weisheit ihrer Vorfahren und den Erfahrungen, die das Leben in der Wildnis mit sich bringt.

In ihrem Tipi, das nach jahrhundertealten Traditionen ihrer Stammesgemeinschaft gebaut wurde, ruht sie auf Tierfellen, ein Symbol für die tiefe Verbindung zwischen ihrem Volk und der Natur. Sie trägt ihre traditionelle Kleidung, die in ein Zeichen für Stolz und Identität ist. Jedes Kleidungsstück, jeder Schmuck, jede Perle hat eine Bedeutung, erzählt eine Geschichte.

Im sanften Tageslicht, das durch die Öffnung des Tipis filtert, blickt sie stolz in die Kamera. Ihre Augen, so tief und geheimnisvoll wie die endlosen Prärien, erzählen Geschichten von Stärke und Ausdauer, von Tradition und Stolz. Sie ist eine Frau, die in Harmonie mit der Erde lebt, die die alten Bräuche und Traditionen ehrt und sie in die nächste Generation trägt.

Die Sonne malt leuchtende Streifen auf ihre Haut, beleuchtet das Innere des Tipis. Es ist still hier, nur das sanfte Rascheln des Windes und das Flüstern der Natur sind zu hören.

Sie sitzt, in ihrem Zuhause, das gleichzeitig ein Ort des Lebens und der Gemeinschaft, der Tradition und des Glaubens ist. Ihre Haltung ist entspannt, aber ihre Augen sind voller Entschlossenheit und Stärke. Sie ist die Hüterin alter Weisheiten, eine starke Frau, die tief in den Traditionen ihrer Vorfahren verwurzelt ist. Dieser Moment, eingefangen im sanften Tageslicht, ist ein kraftvolles Zeugnis ihrer Stärke, ihres Stolzes und ihrer tiefen Verbindung zur Natur.

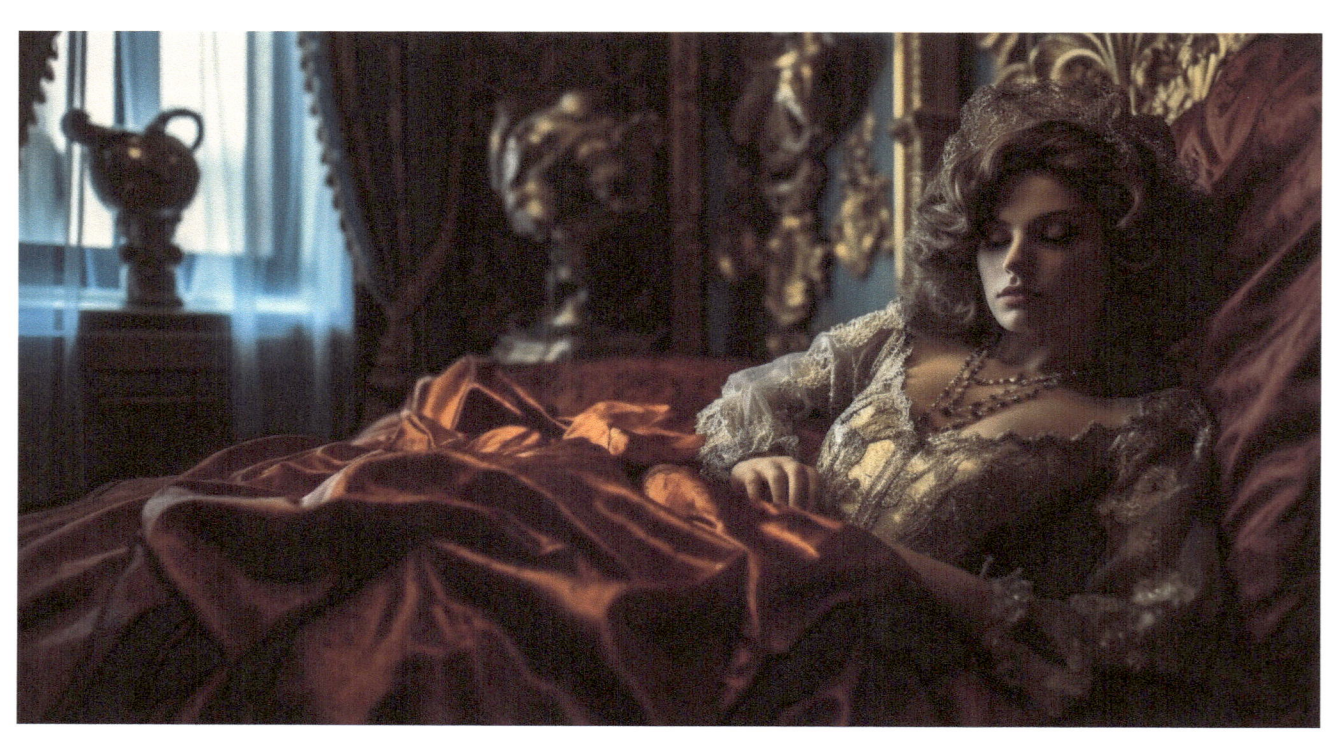

JULIETTE // FRANKREICH

Juliette, eine junge Französin aus Bordeaux, sie hatte schon immer eine Vorliebe für das Außergewöhnliche. Mit ihrer lebhaften Fantasie und ihrem leidenschaftlichen Interesse für Geschichte und Kultur war sie fasziniert vom Zeitalter der Renaissance, einer Zeit des künstlerischen Aufschwungs und der sinnlichen Freiheit. Sie liebte es, sich in prächtige Gewänder dieser Epoche zu kleiden und sich in den Charakteren und Geschichten zu verlieren, die diese Kleider repräsentierten.

Eine ihrer Lieblingsrollen war die der "Dame de la Cour", eine mutige und unabhängige Frau des Adels, die trotz der strikten Konventionen ihrer Zeit ihren eigenen Weg ging. Juliette empfand eine tiefe Verbindung zu dieser Figur und schlüpfte gerne in ihre Rolle bei Cosplay-Events.

Eines dieser Events war das jährliche "Renaissance-Fest" in ihrer Stadt, wo sie auf Gleichgesinnte traf, die ihre Leidenschaft für Geschichte und Kostüme teilten. An einem dieser Abende geschah jedoch etwas Unerwartetes, das Juliette's Vorstellung von Cosplay für immer verändern sollte.

Während sie in ihrer prächtigen Renaissance-Robe durch die belebten Gassen des Festivals schlenderte, wurde sie von einem Mann angesprochen. Er war als Ritter gekleidet und verkörperte seinen Charakter mit einer solchen Leidenschaft und Hingabe, dass Juliette sofort fasziniert war.

Ihnen kam die Realität unwirklich vor, als ob sie wirklich in die Vergangenheit gereist wären. Ihre Blicke trafen sich, und in diesem Moment, umgeben von der Musik und der Magie des Renaissance-Fests, war es, als ob die Zeit stehen geblieben wäre. Die Intensität dieses Augenblicks erfüllte sie mit einer Mischung aus Aufregung und Verlangen.

"Es war, als ob wir beide in eine andere Welt getaucht wären, in eine Welt der Leidenschaft und der sinnlichen Freiheit", erzählt Juliette. "Dieser Abend hat meine Sicht auf Cosplay und auf mich selbst verändert."

Seit dieser Nacht ist Cosplay für Juliette nicht mehr nur ein Hobby, sondern eine Reise in die Vergangenheit, eine Chance, sich selbst neu zu entdecken und ihre eigenen Grenzen zu erweitern. Und obwohl sie diesen mysteriösen Ritter nie wieder gesehen hat, hat sie die Erinnerung an jene magische Nacht bewahrt, eine Erinnerung an eine Welt voller Leidenschaft, Abenteuer und sinnlicher Freiheit.

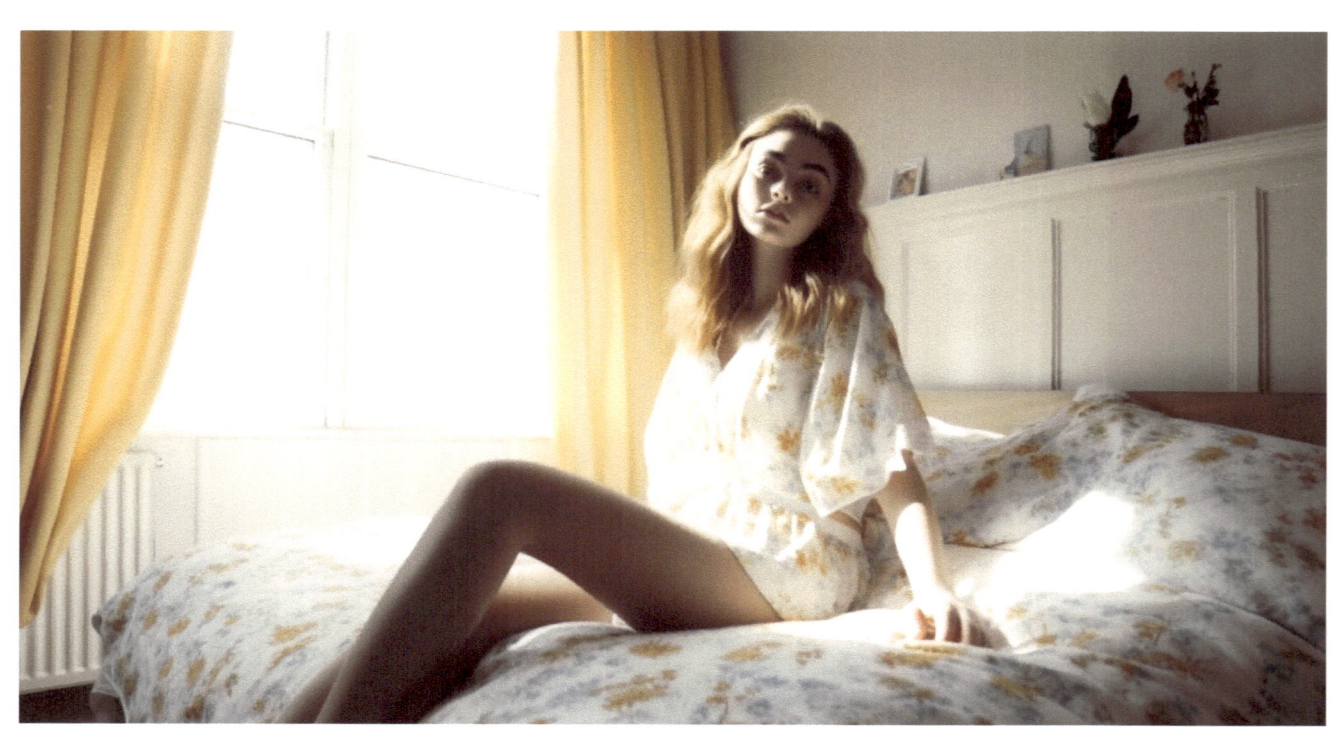

ISABELLA // BRASILIEN

In Rio de Janeiro, wo das rhythmische Echo des Samba durch die Straßen schallt und die Strände unter der südlichen Sonne glitzern, lebt ein junges Model namens Isabella. Sie hat leuchtende Augen, eine Haut, die an Karamell erinnert, und ein Lächeln, das selbst den härtesten Kritiker entwaffnet. Doch hinter ihrer strahlenden Erscheinung verbirgt sich eine Geschichte voller Dramatik und Verlust.

Isabella stammt aus einer einfachen Familie, aufgewachsen in einer der berüchtigten Favelas, den Armenvierteln der Stadt. Ihre Kindheit war geprägt von Armut und Kriminalität, doch sie fand ihren Zufluchtsort in der Welt der Mode und der Schönheit. Schon als kleines Mädchen träumte sie davon, auf den großen Laufstegen der Welt zu laufen und den Namen ihrer Heimatstadt zu repräsentieren.

Eines Tages, als sie gerade von der Schule nach Hause kam, fand sie ihr Viertel in Aufruhr vor. Ein gewalttätiger Konflikt hatte stattgefunden und tragischerweise wurde ihre Mutter dabei getötet. Isabella war am Boden zerstört, doch anstatt in ihrer Trauer zu versinken, beschloss sie, ihre Träume zu verwirklichen und ein besseres Leben für sich und ihre jüngeren Geschwister zu schaffen.

Sie arbeitete hart, machte tagsüber ihre Hausaufgaben und verbrachte die Nächte damit, in den Modemagazinen zu stöbern, die sie auf dem Markt fand. Sie übte ihren Lauf, ihre Posen und ihr Lächeln, immer mit dem Bild ihrer Mutter vor Augen und der Hoffnung im Herzen.

Isabellas Durchbruch kam, als sie bei einem lokalen Modelwettbewerb entdeckt wurde. Sie beeindruckte die Jury mit ihrer natürlichen Schönheit und ihrer starken Ausstrahlung. Bald darauf erhielt sie einen Vertrag bei einer renommierten Modelagentur und begann, auf internationalen Laufstegen zu laufen.

Nun trägt sie die Erinnerung an ihre Mutter und die harten Zeiten, die sie durchgemacht hat, immer bei sich. Sie nutzt ihre Plattform, um auf die schwierigen Bedingungen in den Favelas aufmerksam zu machen und sich für Veränderungen einzusetzen. Ihre Geschichte ist eine von Tragödie und Triumph, eine Erinnerung daran, dass selbst in den dunkelsten Momenten Hoffnung und Schönheit gefunden werden können.

"Heute laufe ich nicht nur für mich, sondern für jede Frau in den Favelas, die davon träumt, etwas Besseres zu erreichen. Für meine Mutter, die mich immer dazu ermutigt hat, meine Träume zu verfolgen. Und für meine Geschwister, denen ich zeigen möchte, dass alles möglich ist", sagt Isabella mit einem entschlossenen Blick in ihren Augen.

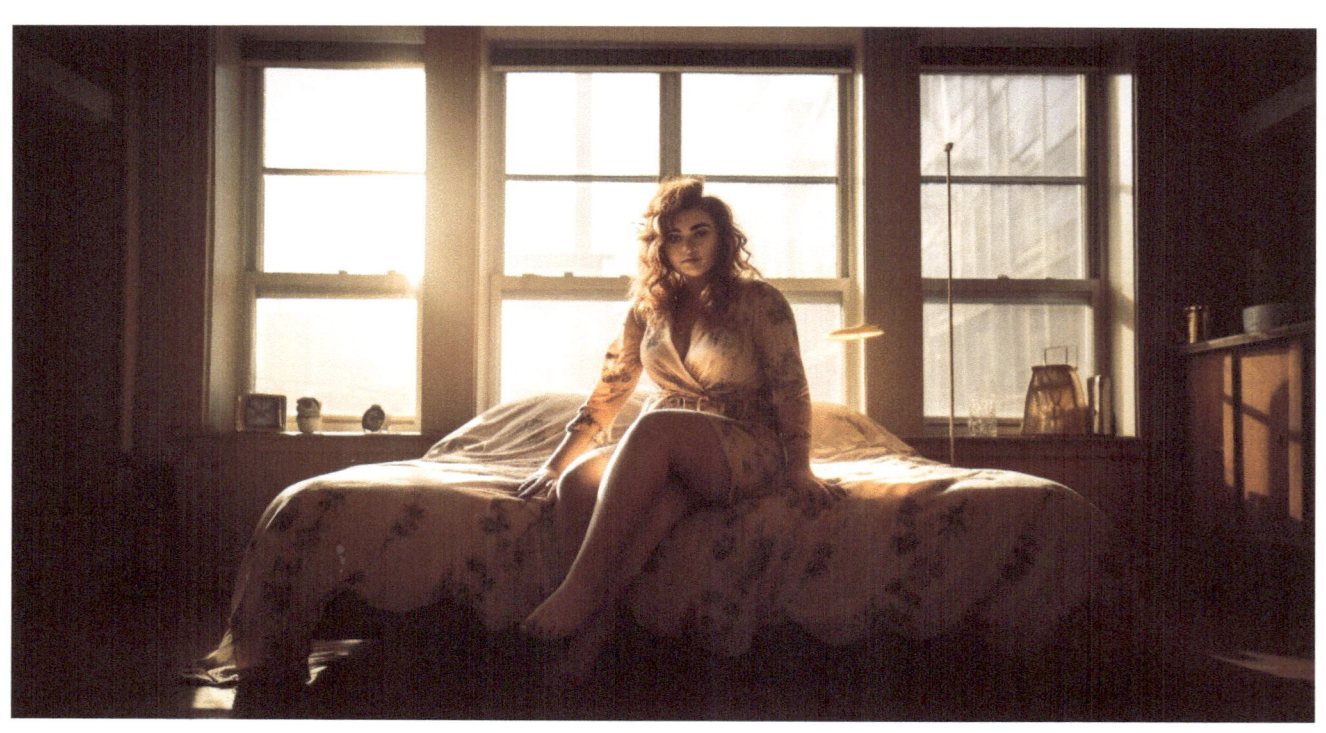

LENA // USA

Lena ist eine junge Frau aus New York, einem Ort, der für seine rasante Energie und kulturelle Vielfalt bekannt ist. Mit ihrem auffälligen roten Haar und ihrer lebenslustigen Ausstrahlung scheint sie auf den ersten Blick perfekt in die lebhafte Szenerie dieser Stadt zu passen. Doch hinter Lenas sorglosem Lächeln verbirgt sich eine persönliche Herausforderung, die sie jahrelang mit sich herumgetragen hat: ihre Esssucht.

Lena ist seit ihrer Kindheit übergewichtig gewesen und fand Zuflucht im Essen, besonders in Zeiten von Stress und Traurigkeit. "Essen war meine Zuflucht", gesteht sie, "eine Art, die Welt für einen Moment auszublenden und Trost in den köstlichen Geschmacken und Texturen zu finden, die ich so sehr liebte."

Doch diese Sucht führte zu einer Reihe von gesundheitlichen und emotionalen Problemen. Sie wurde in der Schule gehänselt und fühlte sich unwohl in ihrer Haut, was dazu führte, dass sie sich immer mehr zurückzog und das Essen zu ihrer einzigen Quelle der Freude wurde.

Eines Tages jedoch, während sie durch den Central Park spazierte, sah Lena eine Gruppe von Frauen, die an einem öffentlichen Yoga-Kurs teilnahmen. Sie war sofort von der Gelassenheit und der Selbstakzeptanz dieser Frauen fasziniert, trotz ihrer unterschiedlichen Körperformen und -größen. In einer spontanen Entscheidung beschloss Lena, sich ihnen anzuschließen.
"Yoga hat mir geholfen, meinen Körper wieder zu lieben", erzählt Lena. "Es hat mich gelehrt, auf seine Bedürfnisse zu hören, anstatt sie mit Essen zu betäuben. Und vor allem hat es mich gelehrt, dass ich mehr bin als nur meine Sucht."

Heute kämpft Lena immer noch mit ihrer Esssucht, doch sie hat jetzt die Werkzeuge und die Unterstützung, um diese Herausforderung zu bewältigen. Sie hat gelernt, dass sie, unabhängig von ihrer Größe, liebenswert und wertvoll ist.

"Ich bin immer noch auf meiner Reise", sagt sie, "aber ich habe gelernt, dass ich stärker bin als meine Esssucht. Ich habe gelernt, dass ich liebenswert bin, genau so wie ich bin."
Lena hat begonnen, ihre Geschichte zu teilen, um andere über Essstörungen aufzuklären und um andere, die ähnliche Kämpfe durchmachen, zu ermutigen. Ihre Botschaft ist eine von Hoffnung und Selbstakzeptanz, eine Erinnerung daran, dass jeder von uns das Recht hat, sich selbst zu lieben und zu akzeptieren, genau so, wie wir sind.

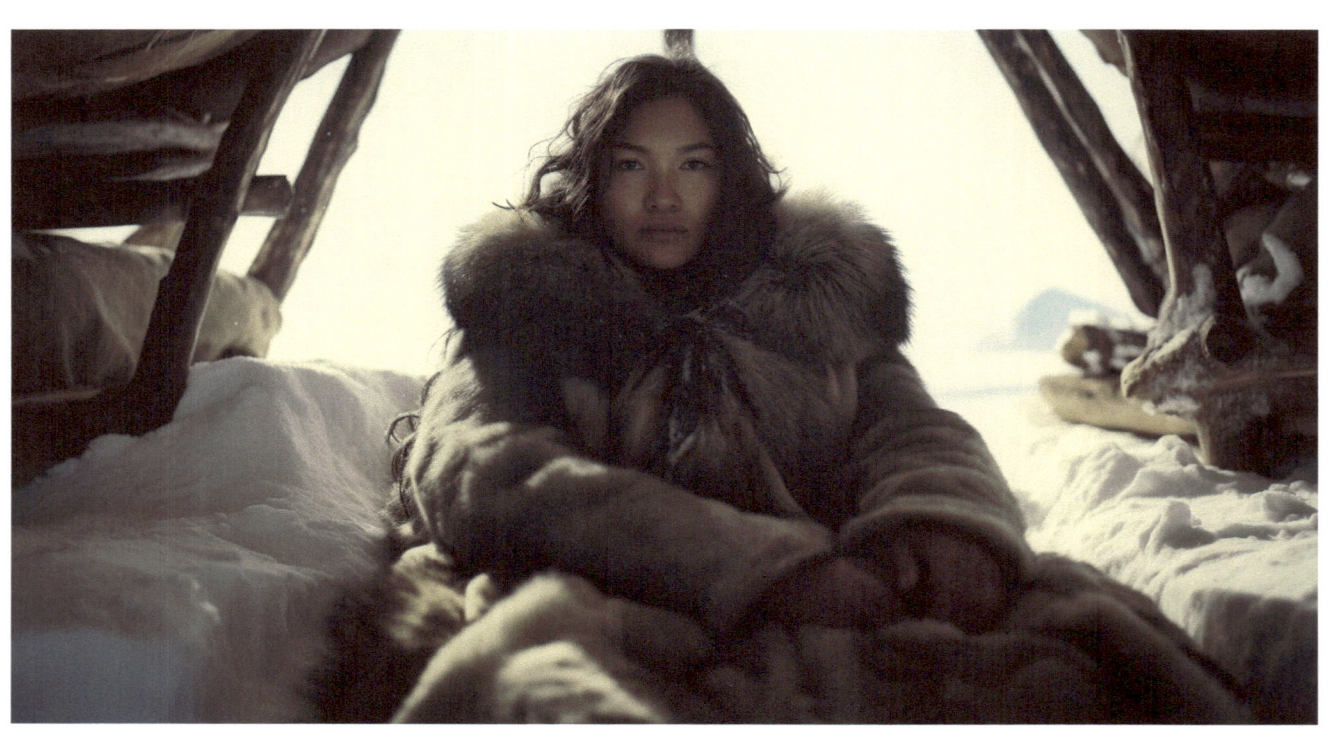

NUNA // GRÖNLAND

Tief im hohen Norden, im ewigen Eis der Arktis, lebt Nuna, eine junge Inuit-Frau. Ihr Zuhause ist ein modernes Wunder - ein Iglu, das aus transparentem Eis gebaut ist und den Blick auf die endlose Weite der Schneelandschaft und den nächtlichen Sternenhimmel freigibt.

Eines Abends, während eines besonders klaren und kalten Winters, saß Nuna in ihrem gläsernen Iglu und starrte hinaus in die schimmernde Schneelandschaft. Plötzlich fiel ihr Blick auf eine Gestalt in der Ferne. Zuerst dachte sie, es sei ein Eisbär, der durch den Schnee wanderte. Doch bei genauerem Hinsehen erkannte sie, dass es sich um zwei menschliche Figuren handelte, eng aneinander geschmiegt und tief im Liebesspiel verstrickt.

Nuna spürte eine Welle von Emotionen, als sie das Paar beobachtete. Es war ein seltenes und intimes Schauspiel in der sonst so kargen Arktis. Sie spürte die Wärme ihrer Umarmung, die leidenschaftliche Verbindung zwischen ihnen, und es war, als ob sie für einen Moment vergessen hatten, dass sie in der eisigen Kälte waren.

Dieses Bild von Liebe und Leidenschaft berührte Nuna tief. Es erinnerte sie daran, dass trotz der Härte und Kälte der Arktis, die Liebe immer einen Weg findet. Sie fühlte eine seltsame Mischung aus Scham, Neid und Bewunderung. Aber vor allem fühlte sie eine tiefe Einsamkeit, eine Sehnsucht nach einer solchen Verbindung und Intimität.

Die Beobachtung dieses intimen Moments wurde für Nuna zu einem Wendepunkt. Sie erkannte, dass sie mehr vom Leben wollte, dass sie die Wärme und Zuneigung suchte, die das Paar im Schnee geteilt hatte. Sie fasste den Entschluss, ihre Komfortzone zu verlassen und nach Liebe und Abenteuer zu suchen, trotz der Kälte und Isolation ihrer Heimat.

Und so wurde das Paar im Schnee, ohne es zu wissen, zu einem Leuchtfeuer für Nuna. Ein Symbol für die Liebe, die sie suchte und die Hoffnung, die sie in sich trug. Und obwohl sie allein in ihrem gläsernen Iglu saß, war sie nicht mehr einsam. Denn sie wusste, dass sie genauso fähig war, Liebe zu finden und zu geben, wie das Paar, das sie an jenem eiskalten Abend beobachtet hatte.

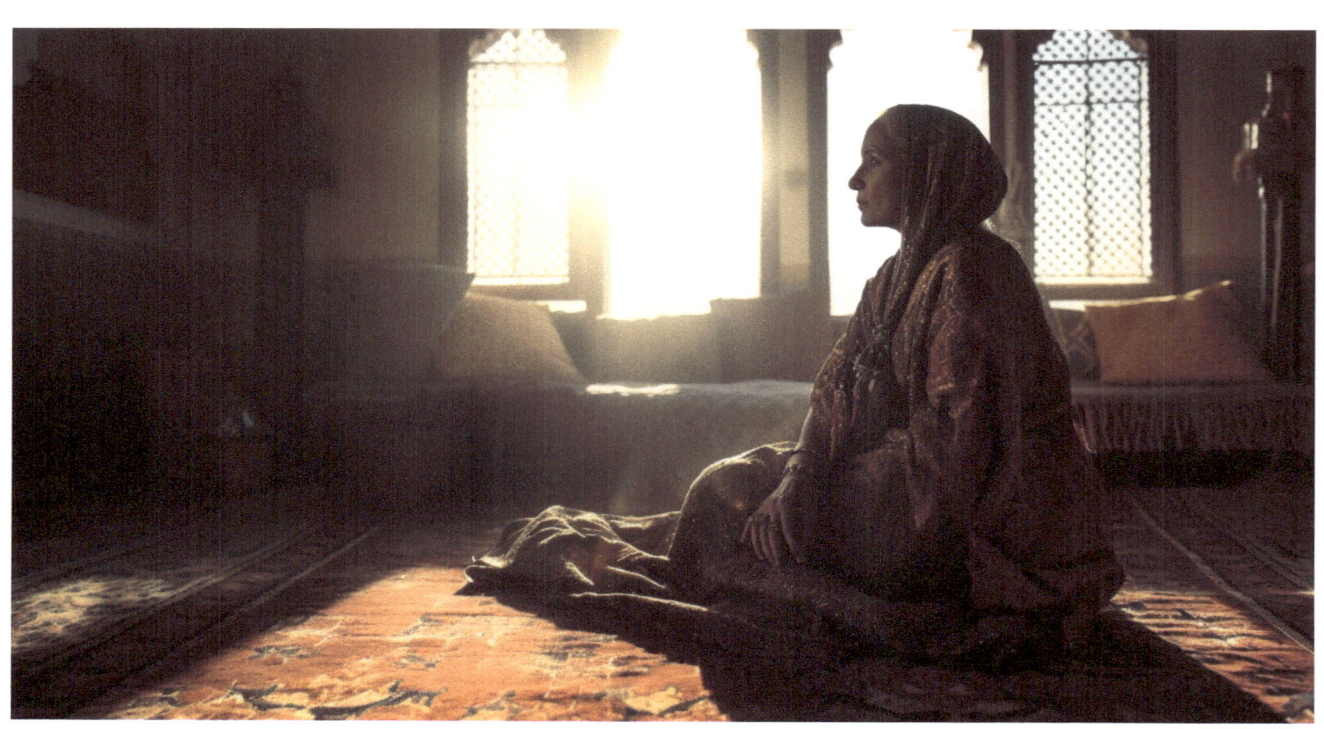

LATIFA // MAROKKO

Tief in den geschäftigen Gassen von Marrakesch, wo der Duft von exotischen Gewürzen die Sinne betört und das ständige Gewusel der Souks nie zur Ruhe kommt, lebt Latifa. Sie ist eine rätselhafte marokkanische Frau, die ihre 60er Jahre erreicht hat und bekannt ist für ihren starken Willen und ihren unermüdlichen Kampf für Frauenrechte.

In ihrem prächtigen Kaftan, der mit aufwendigen Stickereien und kräftigen Farben verziert war, lag sie auf einem kunstvoll gewebten Teppich, eingebettet in ein Zimmer.

Jede Linie in ihrem Gesicht war Zeugnis von den Kämpfen, die sie ausgefochten hatte, und den Siegen, die sie errungen hatte. Sie war mehr als nur eine Frau in ihren 60ern; sie war ein Symbol des Widerstands für die Frauen ihres Landes.
Mit ihrer starken und doch sanften Stimme begann Latifa, ihre Geschichte zu erzählen. Sie sprach von den Hindernissen, die sie überwunden hatte, von den Kämpfen, die sie gekämpft hatte, und von den Siegen, die sie für die Frauen in ihrem Land errungen hatte. Ihre Worte waren voller Kraft und Leidenschaft, sie spiegelten die unerschütterliche Entschlossenheit wider, die sie als Feministin antrieb.

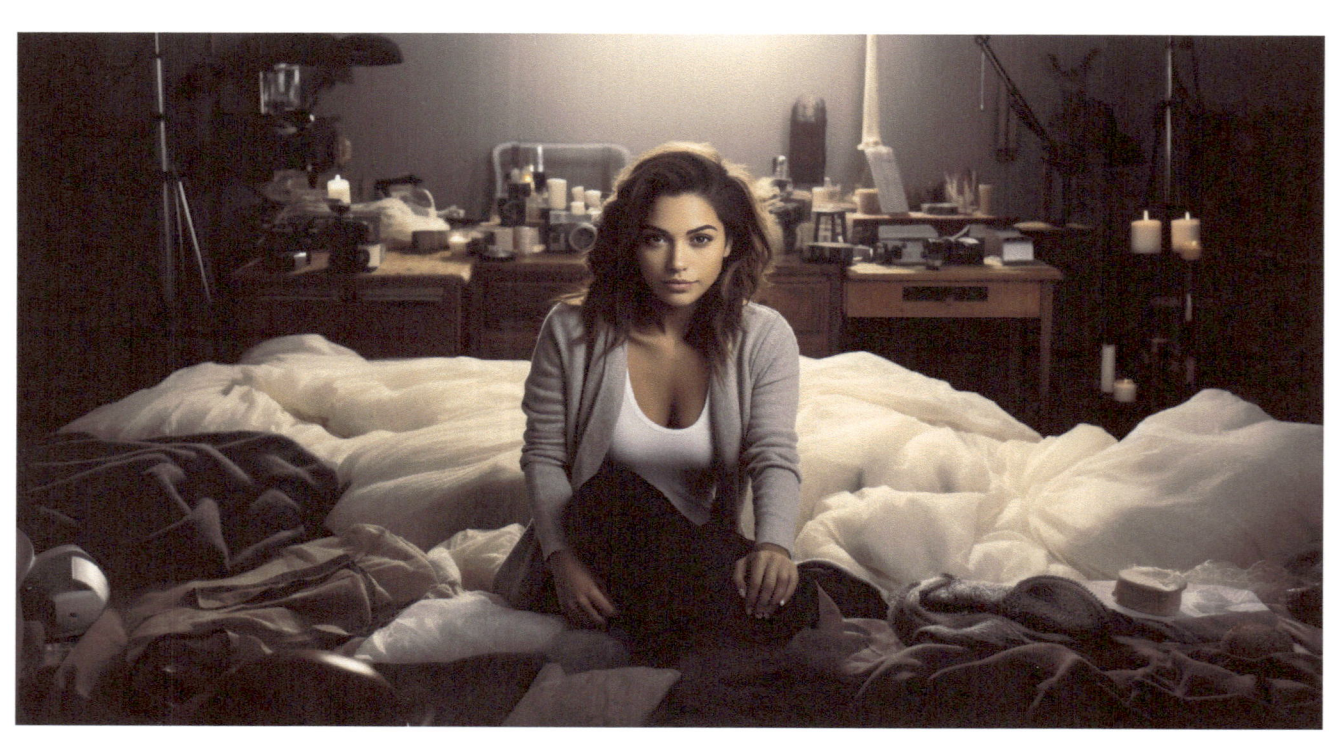

MIA // DEUTSCHLAND

Vor dem Hintergrund eines belebten Fotostudios, umgeben von Kameras, Studiolichtern und einer Mischung aus urbanen und traditionellen Kulissen, war Mia, eine junge, aufstrebende Fotografin aus Berlin, dafür bekannt, ihren Emotionen durch ihre Linse Ausdruck zu verleihen. Sie hatte das Studio von ihrer Großmutter geerbt, einer bekannten Fotografin ihrer Zeit.

Eines Abends, nach einem langen Shooting, lag Mia auf dem großen Bett in der Mitte ihres Studios, das sie oft für Boudoir-Shootings nutzte. Das matte Licht der Straßenlaternen draußen drang durch die großen Fenster des Lofts, als plötzlich ihr bester Freund Alex, ein Fotograf aus Köln, hereinplatzte. Er hatte langes lockiges Haar, einen rebellischen Blick und war für sein wildes Leben bekannt.

Mia und Alex hatten eine besondere Beziehung - sie waren zwar beste Freunde, aber es gab immer eine latente Spannung zwischen ihnen. An diesem Abend, weit entfernt von ihren üblichen Plaudereien über Blenden, Licht und neue Trends, wurde die Atmosphäre intimer, als Alex erzählte, wie er kürzlich bei einem Musikfestival fast sein Handy verloren hatte - im Zelt eines Mädchens.

Lachend und scherzend kamen die beiden einander näher, bis sich ihre Lippen trafen. Es war ein leidenschaftlicher, überwältigender Kuss, gefolgt von einer stürmischen Nacht, die von Seufzern, Gelächter und dem Knacken des Holzbodens des Studios geprägt war.

Am nächsten Morgen wachten sie nebeneinander auf, die Sonne strömte durch die Fenster, und um sie herum waren umgeworfene Kamerastative und verstreute Kissen. Beide sahen sich an, ihre Gesichter eine Mischung aus Schock und Amüsement.
"Das war unerwartet," flüsterte Mia.

Alex lachte. "Das kann man wohl sagen. Aber es war definitiv ein Shooting der anderen Art."
Die beiden beschlossen, das, was passiert war, als einen lustigen Unfall zu betrachten und ihre Freundschaft so fortzuführen, wie sie immer gewesen war. Aber in Mias Studio gibt es jetzt ein neues Foto - ein verschwommenes, vom Licht durchflutetes Bild von zwei ineinander verschlungenen Silhouetten auf einem Bett, das sie daran erinnert, wie manchmal das Unerwartete das schönste Bild ergibt.